AF216547

Eva Edlinger

Zwischentöne einer Seelenreise

Spiritualität für Einsteiger

Impressum:

Bibliografische Information der Deutschen Nationalbibliothek:

Die Deutsche Nationalbibliothek verzeichnet diese Publikation in der Deutschen Nationalbibliografie; detaillierte bibliografische Daten sind im Internet über https://dnb.dnb.de abrufbar.

©2023 Eva M. Edlinger

Herstellung und Verlag: BoD – Books on Demand, Norderstedt

ISBN: 978-3-7481-7372-4

Wie Alles begann

Write hard and clear about what hurts

(Schreibe ehrlich und klar über das, was schmerzt)

Ernest Hemmingway

Meine Motivation

One day you will tell your story

About how you overcame what

You went through and it'll be someone

elses survival guide

(Eines Tages wirst du deine Geschichte erzählen

Wie du überwunden hast,

was du durchgemacht hast, und es wird

ein Überlebensführer sein für Andere)

Brene Brown

Inhaltsverzeichnis

Inhaltsverzeichnis

Vorwort

Ich wollte dieses Buch schreiben, um die Drogensucht meiner Tochter zu verarbeiten, doch dann wurde sehr viel mehr daraus.

Der Sinn des Lebens, Spiritualität, das Leben nach dem Tod, sind Themen, die gerade jetzt im Lichte der Corona-Pandemie und der vielen Menschen, die verstorben sind, ohne dass Ihre Angehörigen sich verabschieden konnten, von vielen Menschen hinterfragt werden.

Aus eigener Erfahrung weiß ich, dass die Trauer über den Verlust eines Menschen sehr tief sein kann. Aber dieses Gefühl, sich nicht verabschieden zu können, dem Menschen, den man liebt, vor seinem Tod zu zeigen, wie sehr man sie oder ihn geliebt hat und eventuell noch offene Fragen zu klären, sich für etwas zu entschuldigen und zu sagen: „Es tut mir leid", kann ungleich schwerer wiegen. Dieser Moment ist unwiederbringlich verloren und dieses Gefühl sorgt für eine Leere, die einen zerreißen kann.

Deswegen war es mir wichtig, nicht nur die Sucht und meine Co-Abhängigkeit zu thematisieren, sondern im zweiten Teil des Buches auch meinen spirituellen Weg aufzuzeigen und die Menschen, die ihre verstorbenen Angehörigen vermissen, zu ermutigen, mit diesen in Kontakt zu treten, damit sie Heilung erleben können. Ich habe selbst erfahren, wie heilsam und befreiend ein Jenseitskontakt oder eine Heilbehandlung sein kann.

Dieses Buch ist kein „How to" Ratgeber, denn was für mich richtig war, muss nicht unbedingt für dich richtig sein. Ich erhebe mit diesem Buch keinen Anspruch auf Vollständigkeit, sondern teile lediglich meine Erfahrungen und würde mich freuen, wenn ich dich dadurch inspirieren kann, deinen eigenen spirituellen Weg zu gehen oder deine eigenen Nachforschungen anzustellen.

Im Buch verwende ich das Wort Gott und meine damit Gott, so wie ich ihn verstehe, als kollektives Bewusstsein. Natürlich kannst du das Wort Gott durch eine andere Bezeichnung, die dich mehr anspricht, ersetzen. Ich möchte dich gerne einladen den Gott, so wie du ihn verstehst, in dein Leben einzuladen und zu erfahren, dass alles, was du im Leben brauchst, schon in dir ist.

Indem du mit diesem kleinen Funken Gottes, dem Geist in dir, in Verbindung trittst, wirst du schnell merken, wie viel Spaß es macht in der Fülle der Gottesenergie zu sitzen und zu spüren, dass du unschlagbar bist.

Einstein sagte schon, „Energie kann niemals zerstört werden, sondern ändert immer nur die Form". Wenn wir das auf unser Leben beziehen, so können wir davon ausgehen, dass durch den Tod unser Körper zwar stirbt, aber unsere Seele als veränderte Energie weiterexistiert und sich in der etherischen Welt weiterentwickelt. Du kannst dich also auf ein interessantes ewiges Leben freuen.

Es freut mich, wenn ich deine Neugierde geweckt habe und du dich auf deinen ganz persönlichen spirituellen Weg machst, der dir neue Perspektiven deines Selbst eröffnet und dir ein Feuerwerk der Selbsterkenntnis bescheren kann, wenn du es zulässt.

Teil 1

Die Sucht (2012-2019)

I am powerless over people, places and things

(Al-Anon)

Gott sei Dank, endlich Feierabend!

Du kennst sie wahrscheinlich auch, diese Tage, an denen nur Kleinigkeiten und noch mehr Zeitraubendes erledigt werden muss, um dich dann am Ende des Tages zu fragen: „Was habe ich denn heute überhaupt Produktives geleistet?" Ich hasste diese Tage, die sich wie Zeitverschwendung anfühlten, nahm sie aber als Lehrstück für meine Geduld an.

Meine Fahrt von der Arbeit nach Hause gestaltete sich genauso wie mein Tag. Die Straßen waren mit Autos verstopft und es ging nur langsam voran. Ich habe nie verstanden, warum die Autofahrer in Brüssel immer hupten, wenn sie im Stau standen, aber dieses Mal schien es zu helfen. Der Verkehr lief wieder und ich konnte meine Fahrt zügig fortsetzen.

Die Sonne ging gerade unter, der Himmel färbte sich in diesem glänzenden Orange-Rot, wie ich es nur in Brüssel gesehen habe. Die Häuser hinter den Woluwe-Seen waren noch schemenhaft erkennbar, und es schien, als wollten sie in dieses Orange-Rot eintauchen, um ihre mysteriöse Schönheit zu verbergen. Auch nach vierzehn Jahren in Brüssel genoss ich diesen Anblick, der mein Herz überschwänglich verzückte.

Während ich an der Ampel wartete, dachte ich an Christiane. Wie es ihr wohl ging? Seit mehr als zwei Wochen hatte ich nichts mehr von meiner Tochter gehört, was mich sehr ärgerte. Ich fühlte mich zurückgewiesen und spürte, dass etwas nicht stimmte.

Und da war es wieder, dieses Gefühl, das ich so gut aus meiner Kindheit kannte. Diese Angst, einen mir lieben Menschen zu verlieren, die mich so lähmen konnte, dass ich nicht mehr weiterwusste. Auszuhalten, dass ich trotz dieser Ohnmacht nichts tun konnte und dem ungeachtet in Aktion treten zu wollen, waren Gefühle, die ich nur zu gut kannte, waren sie doch meine Begleiter, seit meiner Kindheit.

Zu Hause angekommen hörte ich Lachen und freudige Stimmen im Esszimmer. Die Arbeitskollegen meines Partners Ben waren zu Besuch. Er hatte sich bei seinem letzten Halbmarathon einen Achillessehnenriss zugezogen und sie machten einen Krankenbesuch bei ihm. Alle hatten gute Laune, und das Bier und die Häppchen, die ich vorbereitet hatte, trugen ihren Teil dazu bei.

Ben und ich kannten uns seit den frühen achtziger Jahren. Der Zufall wollte es, dass wir uns wieder trafen, als Christiane vier Jahre alt war. Ich war alleinerziehende Mutter und 1990 von Trier nach Nürnberg umgezogen. Ben war wieder Single und lebte in Belgien. Er lud mich ein, ihn dort zu besuchen, und das war der zögerliche Anfang unserer Beziehung, die bis heute anhält.

Ich setzte mich zu Bens Kollegen an den Tisch, amüsierte mich und vergaß meinen Ärger über die Arbeit, den Verkehr und Christiane. Wir hatten alle gute Stimmung, lachten und machten Witze, ich fühlte mich wohl. Als mein Messenger kontinuierlich klingelte und eine Nachricht nach der anderen eintraf, fuhren meine Gefühle mit mir Achterbahn. Da war sie wieder, diese Angst, die mich nervös machte und mir signalisierte, dass meine Tochter in Schwierigkeiten war. Sie beherrschte nun mein ganzes Denken.

Ich konnte mich kaum zurückhalten und hätte die Mitteilungen gerne gelesen, aber ich blieb höflich und schaltete den Ton des Messenger-Dienstes ab. Innerlich war ich zum Bersten angespannt. Ich konnte das Zusammensein nicht mehr genießen und hätte es begrüßt, wenn Bens Kollegen gegangen wären. Während sie sich weiterhin unterhielten und amüsierten, wurde ich immer stiller. Gott sei

Dank gingen alle eine Stunde später nach Hause. Eine Stunde, die mir wie eine Ewigkeit vorkam.

Angespannt öffnete ich mein Tablet und hoffte, dass die Nachrichten nicht von Christiane waren, aber meine Befürchtungen wurden bestätigt.

Christiane war 2010 von zu Hause ausgezogen, um ein Praktikum an der Filmschauspielschule in Hamburg zu beginnen. Dieser Entscheidung voraus gingen zwei Schulabbrüche, viele wilde Diskussionen, Krach und Enttäuschung. Nachdem sie sich fünf Monate lang dem Nichtstun hingab und nur noch zu Hause abhing, gab ich keine Ruhe, bis sie sich um einen Platz in einer anderen Schule oder eine Ausbildung kümmerte. Christiane entschied sich dann, einen Praktikumsplatz in einer Hamburger Filmschauspielschule anzunehmen.

Wir telefonierten die ersten Monate fast jeden Tag miteinander. Ich merkte jedes Mal mehr, dass sie nicht glücklich war, auch weil sie meiner Meinung nach zu hohe Erwartungen an ihr Praktikum stellte.

Christiane unterstützte den Kameramann und war gelangweilt, weil es so viele Unterbrechungen gab, in denen sie warten mussten und nichts passierte. Es fiel ihr schwer zu akzeptieren, dass sie nur Aushilfsjobs machen durfte.

Trotzdem ermutigte ich sie weiterzumachen und durchzuhalten, damit sie die Erfahrung machen konnte, etwas zu Ende gebracht zu haben. Aber Christiane entschied sich dagegen.

Die Entscheidung, mit ihrem Praktikum aufzuhören, war keine Überraschung für mich. Gleichwohl war es dieses Mal anders. Sie hatte sich in der Fachoberschule eingeschrieben, um ihr Fachabitur nachzuholen. Ich war stolz auf sie, weil sie diese Entscheidung getroffen hatte, ohne dass ich sie dazu gedrängt hatte.

Ihr Start in der Fachoberschule war erfolgreich. Die elfte Klasse, die sie schon in Brüssel abgeschlossen hatte, wurde nicht anerkannt und sie musste sie wiederholen, was ihr einen Vorsprung gegenüber ihren Klassenkameraden brachte. Sie wurde Klassensprecherin und fand neue Freunde. Ende des Jahres stellte Christiane uns ihren Freund Florian vor, den ich sehr mochte. Wir verstanden uns gleich sehr gut. Ich war so beeindruckt von den beiden. Wenn sie sich anschauten, sah ich eine tiefe Seelenverbindung. Es freute mich riesig, dass Christiane einen Menschen gefunden hatte, den sie liebte und verehrte.

Leider hatte sie auch an der neuen Schule immer wieder Fehlstunden und eckte mit manchen Lehrern an, hielt dieses

Mal aber durch. Es war wohl ihr Freund Florian, der ihr den nötigen Antrieb oder besser gesagt „Motivationstritte" gegeben hatte. Im August 2012 fuhren wir nach Hamburg, um Christianes Fachhochschulreife zu feiern.

Ich hatte das Gefühl, dass Christiane noch nie so ausgeglichen war wie in diesem Moment. Es fühlte sich so gut an, zu sehen, dass sie das Leben genoss.

Ben stimmte mir zu und sagte: „Ich hoffe, sie hat jetzt verstanden, worum es im Leben geht."

Auf unserer Rückreise von Hamburg nach Belgien freute ich mich so sehr über Christianes Erfolg, dass ich mir erlaubte, mir einzugestehen, dass ich doch nicht alles falsch gemacht hatte in ihrer Erziehung.

Christiane schrieb sich in der Fachhochschule ein, um Wirtschaftsinformatik zu studieren. Ich kam für alle Kosten auf, weil ich einfach nur froh war, dass sie ihr Leben in die Hand nahm.

Bis zu diesem besagten Novemberabend, als Bens Kollegen zu Besuch waren, hatte ich die Hoffnung, dass meine Tochter ihren Weg gefunden hatte. Jetzt konnte ich nicht glauben, was ich las.

Christiane teilte mir mit, dass sie drogenabhängig war, und beschrieb mir ihre Situation sehr detailliert. Sie erzählte, dass sie davon ausgegangen war, mental stark genug zu sein, die Droge zu beherrschen. Für mich war es der Supergau. Mein Magen drehte sich in alle Richtungen.

Mein erster Gedanke war: Wie konnte Christiane mir das nur antun und warum wirft sie ihr Leben einfach so weg, verschwendet es an eine Droge? Der zweite Gedanke, der gleich folgte: Hoffentlich kommt sie von diesem Scheißzeug weg. Alle meine Hoffnungen, dass Christiane ein glückliches und erfolgreiches Leben führen konnte, stürzten ein wie Mauern, die keinen Halt hatten.

Es fühlte sich an, als wäre Christiane gestorben oder zumindest die Illusion, die ich für Christianes Lebensentwurf vorgesehen hatte. Ich sah keinen Ausweg aus dieser Situation und Wut kam in mir hoch.

So ein Quatsch, Heroin durch mentale Stärke kontrollieren zu wollen! Wie dumm konnte man sein, sich so zu überschätzen? Ich war voller Groll und Vorwürfe gegen Christiane.

Wie einfältig von mir, nicht öfter nachzufragen und Beweise für ihre Ausgaben zu verlangen! Ich erkannte, wie naiv ich reagiert hatte, wenn sie mich um Geld bat. Es waren immer kleine Beträge, die logisch erklärt waren, und ich nicht begriff, oder heute würde ich sagen, nicht begreifen wollte, dass es vorne und hinten nicht passte. Durch meinen Kopf jagten so viele Gedanken, dass mein Gehirn überzulaufen schien und mein Kopf nur so dampfte.

Ich fühlte mich einfach nur hilflos. Irgendetwas musste doch jetzt passieren, Christiane musste doch von diesem Zeug wegkommen. Ich wollte nach Hamburg fahren und bei ihr sein, sie drücken und ihr sagen, dass sie nicht alleine ist. Mein tolles Mädchen, mein Ein und Alles, sie konnte doch nicht an der Nadel enden.

Christiane lehnte ab. Sie wollte nicht, dass ich sie so sah, und vor allem wollte sie die Sache alleine regeln, nur mit der Hilfe ihres Freundes Florian. Er unterstützte sie sehr, telefonierte mit unzähligen Arztpraxen. Da er Soziale Arbeit studierte, wusste er, welche Formulare Christiane ausfüllen musste. Es dauerte weitere vier Wochen bis sie eine Arztpraxis gefunden hatten, die Christiane ins Methadonprogramm aufnahm, denn obwohl sie sich nach einem körperlichen Entzug für clean wähnte, war der erste Rückfall schnell gekommen. Die Abhängigkeit war einfach zu stark.

Gott sei Dank wurde Christiane angenommen. Ich sprach mit niemandem über Christianes Drogensucht. Der Schmerz war einfach zu stark und die Hürde, nach Hilfe zu fragen, konnte ich damals nicht nehmen. Der Einzige, der eingeweiht war, war Ben, die Stütze in meinem Leben.

Ich kaschierte Christianes Drogenprobleme als Probleme mit Autoritäten, und wenn ich die Eltern ihrer früheren Freunde traf, erzählte ich zwar, dass Christiane nicht mehr studierte und stattdessen jobbte, aber über die Suchtprobleme schwieg ich. Ging ja auch niemanden etwas an.

Christiane musste parallel zur Methadon-Therapie eine psychosoziale Betreuung des Sozialen Dienstes machen. Dafür musste sie sich alle zwei Wochen vorstellen und hatte dann ein Gespräch mit einem Sozialarbeiter. Florian kümmerte sich wirklich sehr um Christiane. Ich war froh, dass sie nicht alleine war und würde sogar so weit gehen und sagen, dass Christiane ohne Florians Hilfe nicht mehr am Leben wäre. Obwohl ich mich schon fragte, wieso Florian bei ihr blieb. Sie war durch die Sucht die Unzuverlässigkeit in Person. Aber durch seinen Helferberuf hatte er wohl dieses Kümmer-Gen in sich.

Ich unterstützte Christiane, wo ich konnte, zahlte Arztrechnungen und Psychologen, sowie Uni-Kosten, Wohnung und Unterhaltskosten, und sie teilte mir dann eines Tages mit, dass sie clean wäre und kein Methadon mehr brauchte. Die Beziehung zwischen Florian und Christiane hatte natürlich sehr gelitten und ging dann auch nach acht Jahren in die Brüche.

Seit Christianes Messenger-Mitteilung 2012 waren mittlerweile zehn Jahre vergangen. Zehn Jahre, in denen ich mir etwas vorgemacht und gehofft hatte, dass Christiane von ihrer Sucht loskommen würde, wenn ich sie nur lange genug unterstützte. Sie versuchte immer wieder zu studieren, aber ihre Belastungsgrenze war schnell erreicht, weswegen sie den Abschluss des 1. Semesters nie schaffte.

Ich fühlte mich immer noch verantwortlich für sie und ignorierte, dass sie mittlerweile eine erwachsene Frau war und nicht mehr das schutzbedürftige Kind von einst. Mir selbst erlaubte ich nicht, mein Leben in seiner ganzen Fülle zu genießen. Es fühlte sich an, als ob ich kein Recht dazu hätte, während Christiane süchtig war.

Leider kam 2019 wieder ein Hilferuf. Christiane hatte einen Rückfall und bat mich um Hilfe. Dieses Mal fuhr ich nach Hamburg und begleitete sie zu den verschiedenen Terminen, um eine Entzugstherapie zu finden, aber es gab keine freien Plätze. Ich lernte auch, dass die Zulassungshürden sehr hoch waren und für jemanden, der wirklich süchtig ist und keine Unterstützung hat, fast nicht zu erreichen.

Eine Beratungsstelle konnte uns dann doch weiterhelfen. Sie vermittelte Christiane wieder in eine Methadontherapie, damit sie sich stabilisieren konnte. Ich war sehr froh darüber, denn sie konnte wieder Hoffnung schöpfen.

Mir wurde jetzt ganz klar, dass ich Christiane in dieser Situation noch unterstützen würde, dass sie aber danach das Schiff ihres Lebens selber steuern musste. Ich hatte Christianes Verantwortung zu meiner gemacht und das konnte so nicht weitergehen. Es musste sich etwas ändern in unseren Leben.

Ich beschloss, eine Psychologin aufzusuchen, um meine Situation mit ihr zu besprechen. Sie sprach davon, dass ich co-abhängig wäre. Aber was hieß das genau?

Für Co-Abhängigkeit gibt es noch keine allgemein anerkannte Definition, sie wird wissenschaftlich immer noch diskutiert. Grundsätzlich kann man sagen, dass Co-Abhängigkeit sich auf verschiedene Weise äußern kann. Sie betrifft die Angehörigen von Suchtkranken, sei es Alkohol, Heroin, Kokain, Spiel- oder Sexsucht, deren Leben durch die Sucht des Angehörigen überschattet oder sogar bestimmt wird. Das heißt nichts anderes, als dass die Angehörigen im Umgang mit der Erkrankung ein Verhalten entwickeln, das ihnen selbst schadet, wie z.B. das Zurückstellen eigener Bedürfnisse, das Verheimlichen der Suchterkrankung oder deren Kontrolle, und ein weiterer ganz wichtiger Punkt sind die Scham- und Schuldgefühle, die die Angehörigen quälen.

Bei mir stand das Beschützen meiner Tochter im Vordergrund, indem ich ihre Sucht und ihr Verhalten entschuldigt habe, ihren Unterhalt und ihre Schulden bezahlt habe. Hinzu kamen Scham und Schuldgefühle, mit denen ich nicht umgehen konnte.

Die Psychologin besorgte mir die Telefonnummer einer Al-Anon Gruppe. Al-Anon Gruppen sind Familien-Selbsthilfegruppen, die ursprünglich gegründet wurden, um Angehörigen und Freunden von Alkoholikern Hilfe und Trost anzubieten. Meine Gruppe erlaubte es auch Angehörigen von Menschen mit anderen Süchten beizutreten.

Ich kann nur immer wiederholen, wie dankbar ich für diese Selbsthilfegruppe bin. Als ich das erste Mal dort war, kam mir viel Liebe und Verständnis entgegen und keine Be- oder Verurteilung meiner Person. Ich war willkommen mit all meinen Sorgen und Ängsten, denn alle Teilnehmer kannten diese Gefühle durch eigenes Erleben.

Das Treffen wurde eröffnet mit der Präambel und danach bekam jeder Teilnehmer, drei Minuten Zeit, um zu sprechen, wenn er denn sprechen wollte. Mir kam es vor, als dauerten diese drei Minuten eine Ewigkeit. Ich stellte mich vor und schilderte meine Situation. Zwischendrin versagte mir die Stimme. Die Tränen liefen mir die Wangen herunter, aber die Gruppe trug mich mit all ihrer Energie und Liebe, bis ich wieder weitersprechen konnte. Ich wurde angenommen in meinem Schmerz, ohne dass ich bemitleidet wurde, und konnte meine schmerzenden Gefühle zulassen und zeigen.

Durch den regelmäßigen Besuch dieser Al-Anon Meetings änderte sich meine Sichtweise auf Christianes Sucht und ich erkannte, dass ich als ihre Mutter ihre Sucht nicht stoppen konnte, egal wie sehr ich mich anstrengte. Das Einzige, was ich tun konnte, war mein eigenes Leben in die Hand zu nehmen, anstatt Christianes Leben zu meinem zu machen.

Die Worte des Serenity Prayers oder Gelassenheitsgebet, wie es auf Deutsch heißt, bekamen für mich eine ganz neue Bedeutung.

„Gott,

gib mir die Gelassenheit, Dinge hinzunehmen, die ich nicht ändern kann,

den Mut, Dinge zu ändern, die ich ändern kann, und

die Weisheit, das eine vom anderen zu unterscheiden."

Dinge hinzunehmen, die ich nicht ändern konnte, kam in meinem Wortschatz nicht vor. Ich arbeitete ständig an mir, um meine Ziele zu erreichen. Dazu gehörte auch, aus Christiane einen guten und erfolgreichen Menschen zu machen und sie vor den Widrigkeiten der Welt zu schützen, sollte es nötig sein. Wenn Christiane etwas nicht gelungen war, dann musste ich mehr tun, denn ich war die Mutter und sie das Kind.

Bei Al-Anon lernte ich, dass es bedeutet, Christianes Sucht anzunehmen und zu akzeptieren, auch wenn ich mich dabei hilflos fühlte. Dass es Christianes Entscheidung ist, wenn sie einen anderen Pfad im Leben beschreiten möchte als den, den ich mir für sie wünschte, und dass ich ihr zugestehen muss, ihre eigenen Fehler zu machen.

Es wurde mir bewusst, dass ich keine Entscheidungen mehr für sie treffen und sie nicht mehr beschützen konnte. Es schmerzte in der Mitte meiner Brust, und doch nahm es gleichzeitig etwas von dem Druck weg, den ich mir selbst in meinem Perfektionismus auferlegt hatte. Ich erkannte, dass Christianes Leben ihre persönliche Verantwortung ist und nicht meine. Ich musste loslassen und sie ihrem Schicksal überlassen, denn nur sie konnte sich ändern.

Auch wenn es mir so vorkam, war ich dennoch nicht hilflos, denn ich konnte immer NEIN sagen, um mich selbst zu schützen. Leider war NEIN sagen zu Christiane das Schwierigste für mich. Es fühlte sich egoistisch an, als ob ich meine Tochter verraten und sie alleine lassen würde, anstatt sie in schwierigen Zeiten zu unterstützen.

Ich spürte, dass sich meine Rolle als Mutter deutlich verändern musste. Auch wenn ich noch nicht wusste wie, so wusste ich, es gab sehr viel zu tun für mich.

Ich beschloss, mir eine Sponsorin zu suchen und das Al-Anon Programm der 12 Schritte zu durchlaufen. Die 12 Schritte sind ein Instrument zum persönlichen spirituellen Wachstum. Durch das Praktizieren der 12 Schritte und den Austausch in der Gruppe über das Gelernte lernen die Mitglieder der Gruppe gegenseitig voneinander.

Meine Sponsorin ermutigte mich, mir aus der Al-Anon Gruppe drei bis fünf Menschen zu suchen, die ich regelmäßig anrufen konnte, um über meine Nöte, Bedürfnisse oder Freude zu sprechen.

Es fiel mir nicht leicht, nach all den Jahren offen über meine Gefühle zu sprechen, denn ich hatte sie ja immer unterdrückt, statt sie zu thematisieren. Zuerst musste ich mir überhaupt darüber bewusstwerden, welche Bedürfnisse ich denn hatte.

Ganz ehrlich, ich wusste es nicht. Ich hatte so viel Zeit damit verbracht, mir über die Bedürfnisse anderer Menschen Gedanken zu machen, dass ich nicht wusste, was Selbstfürsorge bedeutete.

Für mich selbst zu sorgen, was hieß das? Zuallererst hieß es, mit anderen Menschen über mich selbst zu sprechen, mich zu öffnen und zuzugeben oder besser gesagt anzunehmen, dass ich nicht perfekt bin, dass ich Fehler mache und dass ich diese Fehler in Liebe annehmen kann, ohne mich zu verurteilen.

Eine meiner größten Fehleinschätzungen war wohl, dass ich als alleinerziehende Mutter dachte, ich müsste zur Supermutter mutieren und Christiane auch den Vater ersetzen. Sie sollte nicht darunter leiden, dass ihr Vater keinen Kontakt zu uns haben wollte.

Ich konnte alles bereitstellen, was Christiane brauchte. Wir waren finanziell abgesichert, wir hatten ein Haus, Christiane genoss eine gute Schulbildung. Alles war da, aber diese Lücke, die die Abwesenheit des Vaters hinterließ, konnte ich nicht füllen, egal was ich tat.

Beim Durcharbeiten der 12 Schritte fiel mir auf, dass ich durch alle meine Handlungen auch selbst emotional profitiert hatte, denn es gab mir ein gutes Gefühl, die gute und fürsorgliche Mutter zu sein, die alles für ihr Kind tat. Auf der anderen Seite nahm ich dadurch meiner Tochter die Gelegenheit, an sich und ihren Fehlern zu wachsen.

Ich setzte keine Grenzen, weder eigene noch welche für Christiane, sondern wollte Christiane in all ihrem Tun unterstützen. Was meine Eltern bei mir falsch gemacht hatten, wollte ich nicht wiederholen, sondern besser machen. Welch ein Irrtum. Ich ging mit meinem Verhalten Konflikten mit Christiane aus dem Weg, denn das war es, was ich in meiner Kindheit gelernt hatte. Konflikte machten mir Angst.

Hinzu kam, dass ich dachte, ich müsste Christiane alle Chancen bieten, die ich nicht hatte, z.B. eine gute Schulbildung, Universitätsbesuch, Reisen, um andere Kulturen kennenzulernen etc. Heute weiß ich, dass dies meine Träume waren und nicht die richtigen für meine Tochter. Die Grundlagen für diese falsch verstandene Liebe wurden schon sehr viel früher in meiner Kindheit gelegt.

Erkenntnisse

Die Al-Anon Gruppe war meine Rettung, als ich verzweifelt war. Sie gab mir Halt und Unterstützung. Durch das Arbeiten mit den 12 Schritten wurde mir Schritt für Schritt klarer, wo meine Fehler lagen und wie ich sie korrigieren konnte. Viele meiner früheren Entscheidungen waren teilweise geprägt von Eigennutz, denn indem ich nach außen hin zeigen konnte „Schaut her, ich tue alles für meine Tochter" wollte ich natürlich auch Lob ernten. Aus der Angst heraus, nicht gut genug zu sein, gepaart mit zu hohen Erwartungen an mich selbst, habe ich einen Großteil meiner Energie verschwendet und mir eingeredet, dass ich am besten weiß, was gut für meine Tochter ist. Leider habe ich von Christiane erwartet, dass sie das auch so sah, und hier entstanden die Konflikte, die ich jetzt im Nachhinein gut nachvollziehen kann.

Durch das Programm lernte ich, mich anzunehmen mit all meinen Fehlern, ohne mich zu verurteilen. Ich musste an meinem Groll gegen meinen Vater genauso arbeiten wie an meinem überdimensionalen Verantwortungsbewusstsein, das schon in meiner Kindheit entstanden war.

Die Eltern (1920 – 2001)

Wenn man bedenkt, wo Sie herkommen

Meine Eltern besaßen ein kleines Bauernhaus, dass sie von meiner Oma Margarete, der Mutter meines Vaters, geerbt hatten, als sie 1957 heirateten. Ich wuchs in diesem drei-Generationen-Haushalt mit Eltern und Oma auf.

Meine Großeltern väterlicherseits hatten eine kleine Landwirtschaft, die ihnen half, einen geringen Lebensunterhalt zu verdienen, aber zu mehr reichte es nicht. Mein Großvater verstarb im Alter von 46 Jahren an einer Lungenkrankheit und meine Oma Margarete arbeitete hart, um ihre drei Kinder durchzubringen.

Martin, mein Vater, war das älteste von vier Kindern. Sein Bruder Josef starb im Alter von 20 Monaten, sein Bruder Emil wurde mein Patenonkel. Und dann gab es noch seine Schwester Helene, die die Jüngste war.

Da mein Vater der Älteste war, sollte er meine Oma im Alltag und bei der Hofarbeit unterstützen, aber es zeigte sich schon in jungen Jahren, dass er nicht so leistungsfähig war, wie es von ihm erwartet wurde.

Sein Bruder Emil war das genaue Gegenteil. Er hatte Willenskraft und wollte etwas in seinem Leben erreichen. Es kam oft vor, dass Emil meinen Vater gegen andere verteidigte, weil dieser sich nicht wehren konnte.

Als junger Mann von 19 Jahren wurde mein Vater in den schon so gut wie verlorenen Krieg geschickt, obwohl meine Oma alles versucht hatte, um das zu verhindern. Sie hatte einen Antrag beim Amt eingereicht und ihn damit begründet, dass ihr Erstgeborener auf ihrem kleinen Hof gebraucht wurde. Sie wusste, dass andere Bauern damit erfolgreich waren.

Doch von offizieller Seite wurde ihr klargemacht, dass ihre Landwirtschaft nicht groß genug war, um das Nichteinziehen von meinem Vater an die Front zu rechtfertigen. Emil, der drei Jahre jünger war, wurde mit sechzehn Jahren aufgefordert, die Bauern in Mitteldeutschland bei ihrer Arbeit zu unterstützen.

Meine Oma Margarete blieb mit ihrer Tochter Helene zurück und versuchte so gut es ging zu überleben, bis der Krieg zu Ende war.

Martin, mein Vater, kam als gebrochene Seele aus dem Krieg zurück. Er sprach mit niemandem in der Familie über seine

Kriegserlebnisse, sondern wurde noch stiller und zurückgezogener – und damit auch unzugänglicher.

Um zu kaschieren, dass ihr geliebter Sohn nicht der starke Mann war, den sie in ihm sah, hatte meine Oma gleich den passenden Schuldigen gefunden.

Sie erzählte mir später, Ende der sechziger Jahre, als ich schon Schulkind war: „Als dein Vater aus dem Krieg zurückkehrte, war er nicht mehr derselbe. Er entwickelte ein seltsames Verhalten. Ohne jemandem Bescheid zu geben, verschwand er und kehrte erst nach zwei Wochen wieder nach Hause zurück. Er tat, als ob nichts passiert wäre. Auch dein Onkel Emil konnte ihn nicht zum Reden bringen. Erst viel später erzählte mir dein Vater, dass er einen Kameraden in der Eifel besucht hatte. Nach zwei oder drei Jahren war dann Schluss mit dem Davonlaufen. Ich bin ja überzeugt, dass dieses Verhalten nur durch diesen elenden Granatsplitter kam, der in seinem Körper rumwanderte."

Damit war für meine Oma die Sache erledigt. Rückblickend denke ich, dass mein Vater traumatisiert war, und eine psychologische Behandlung gebraucht hätte. Allerdings hätte er einer Therapie niemals zugestimmt, da er nicht als verrückt gelten wollte, denn man wurde schnell in eine Schublade gesteckt.

Mein Vater hat sein Kriegstrauma nie überwunden. Gefühle zu zeigen, geschweige denn sie auszudrücken, fiel ihm schwer. Zu Hause war er der Haushaltsvorstand und bestimmte das Familienleben. Widerspruch ertrug er nicht und ließ ihn auch nicht zu. Er blockte ab und bestimmte einfach.

Die Familie meiner Mutter lebte ebenso von der Landwirtschaft. Meinen Großvater mütterlicherseits lernte ich leider nie kennen, da auch er sehr früh verstarb. Meine Mutter Anna war das neunte von vierzehn Kindern, die meine Oma Maria gebar. Zwei der vierzehn Kinder starben kurz nach der Geburt. Durch den Krieg verlor meine Mutter weitere vier Geschwister. Sie trauerte sehr, sprach aber nie darüber.

Meine Mutter war sehr schüchtern und unsicher und versuchte, es allen recht zu machen. Sie und ihre Geschwister sprachen ihre Eltern sehr förmlich mit „Ihr" an z.B. „Mutter wie geht es Euch heute?". Ich fand diese Anrede immer sehr steif und distanziert und verstand als Kind nicht, warum eine Oma gesiezt wurde, während ich mit der anderen kuscheln konnte und sie meine größte Unterstützerin war.

Um einen Haushalt mit vierzehn Personen zu führen, mussten die Mädchen schon in jungen Jahren im Haus, bei der Ernte und auf den Feldern helfen. Meine Mutter hätte es niemals gewagt, ihren Eltern zu widersprechen. Sie tat, was ihr gesagt wurde, denn das gab ihr Sicherheit.

Meine Oma Margarete, also die Mutter meines Vaters und Schwiegermutter meiner Mutter, war das Gegenteil. Sie war es gewohnt, seit ihrer Kindheit Entscheidungen zu treffen. Sie war das älteste von vier Kindern, und als ihre Mutter starb, übernahm meine Oma mehr oder weniger diese Rolle für ihre Geschwister. Wann immer sie einen Rat brauchten oder in Schwierigkeiten waren, war meine Oma für sie da.

Ihr Bruder Michael, der in jungen Jahren das schwarze Schaf der Familie war, brauchte ihre Hilfe des Öfteren. Er ging gerne ins Gasthaus, um Karten zu spielen und ein oder zwei Bier zu trinken. Normalerweise spielte er Karten zur Unterhaltung, aber an diesem einen Abend spielte er um Geld. Mit zunehmendem Alkoholgenuss wurde seine Bereitschaft zum Risiko größer. Doch er hatte eine Pechsträhne und als er kein Geld mehr hatte, setzte er das Land, das er nach dem Tod seiner Mutter geerbt hatte, als Pfand ein - und verlor alles. Als er nach Hause kam und seinem Vater gestand, dass er alles verspielt hatte, war der so wütend, dass er ihn aus dem Haus warf, was keinen verwunderte, denn in den dreißiger Jahren Land zu besitzen, bedeutete zu essen zu haben, da es meistens landwirtschaftlich genutzt wurde.

Michael bekniete meine Oma Margarete, die bereits verheiratet war und zwei Kinder hatte, ihn bei sich aufzunehmen, da er nicht wusste, wo er schlafen sollte. Mein Großvater war nicht glücklich darüber und stimmte nur unter der Bedingung zu, dass Michael meiner Oma fünf Mark pro Monat für ihren Dienst zahlen musste, der auch das Waschen seiner Kleidung beinhaltete. Obwohl Michael versprach zu zahlen, hielt er sein Versprechen nicht immer.

Meine Oma Margarete erzählte mir diese Geschichte, als ich älter war, und ich fragte sie, warum sie ihrem Bruder weiterhin erlaubte zu bleiben, wenn er nicht zahlte. Ihr Kommentar war:

„Er war mein Bruder. Was sollte ich tun? Man muss doch zusammenhalten in der Familie. Er tat mir leid. Unser Vater war sehr streng und Michael hatte sonst niemanden. Jesus sagte schon: Wer unter euch ohne Sünde ist, der werfe zuerst einen Stein."

Meine Oma bezog sich gerne auf das Neue Testament, um ihre Handlungen zu rechtfertigen, was auch mich sehr beeinflusste und mir als Kleinkind schon das Gefühl gab, dass Jesus mein Freund ist. Ich liebte es, morgens zu ihr ins Bett zu krabbeln, weil sie mir Geschichten von Jesus erzählte. Diese Geschichten gaben mir Hoffnung und ich fühlte mich weniger alleine. Als Einzelkind mit Eltern, die ihre Gefühle nicht frei zeigen konnten, fühlte ich mich sehr oft einsam. Meine Oma war mein Zufluchtsort, wenn ich kuscheln wollte und Verständnis brauchte.

Als ich sechs Jahre alt war (1967) und in die Schule ging, nahm sie mich mit in die Kirche, um am Gottesdienst teilzunehmen.

„Willst du mit mir in die Kirche gehen, Eva?"

„Oh ja, bitte, bitte, nimm mich mit", antwortete ich, da es mir die Gelegenheit gab, etwas Abwechslung in meinen Tagesablauf zu bringen.

„Aber du musst stillsitzen und ruhig sein und auf den Priester hören", ermahnte sie mich in festem Ton und fuchtelte mit dem Zeigefinger vor meinem Gesicht herum.

Ich liebte die besondere Atmosphäre in der Kirche und ich liebte es, mich als Teil der Gemeinschaft zu fühlen. Die Predigt des Priesters interessierte mich als Kind nicht sehr, aber ich spürte schon damals tief in mir drin, dass es etwas Größeres geben musste. Die Kirchenlieder zu singen war so erhebend. Ich fühlte reines Glück und Begeisterung in mir und fühlte mich Jesus sehr nah.

Zwei- bis dreimal die Woche begleitete ich meine Oma in die Kirche. Sie war übergewichtig und konnte nicht mehr gut gehen.

Unterwegs sagte sie zu mir: „Wenn ich beim Gehen eine Pause machen muss, ist es schön, dich bei mir zu haben, damit ich mich abstützen kann."

Ich liebte meine Oma und fühlte mich durch ihre Worte wertgeschätzt. Abends begleitete ich sie in ihr Zimmer und half ihr beim Auskleiden und bekam meine Belohnung wieder als Lob präsentiert.

„Was würde ich nur ohne dich tun, Eva? Du bist so lieb zu mir."

Es gefiel mir, wenn sie so mit mir sprach, und es spornte mich an, noch hilfsbereiter zu sein, denn ich genoss es, gelobt zu werden. Lob war die Währung, die mich reich machte.

Aber zurück zu meinen Eltern. Sie heirateten 1957. Mein Vater übernahm als ältester Sohn offiziell das Haus und die Landwirtschaft von meiner Oma Margarete. Meine Mutter gab ihre Arbeit auf, wurde Hausfrau und zog bei meinem Vater und meiner Oma ein. Meine Oma blieb Teil des Haushalts und behielt das Kommando.

Wenn es Streitigkeiten zwischen meiner Oma und meiner Mutter gab, traten sie nicht deshalb auf, weil meine Oma meiner Mutter ihre Stärke zeigen wollte, sondern weil sie eine schnelle Entscheiderin war, während meine Mutter mehr Zeit brauchte, um sich sicher zu sein, dass sie die richtige Entscheidung traf. Dabei ging es um Alltägliches wie z.B. wann der Garten und die Kartoffeln auf dem Feld gepflanzt und geerntet werden sollten, welche andere Arbeiten im Haus erledigt werden sollten usw. Die Rollen waren strikt geteilt. Die Frauen entschieden, was im Haushalt vor sich ging, und mein Vater vertrat die Familie nach außen hin. Ein Konzept, das weder von meiner Oma noch von meiner Mutter angezweifelt wurde, und auch für mich so vorgesehen war.

Ohne es zu bemerken, erklärte meine Oma meiner Mutter, wie sie etwas am besten machen sollte. Es fiel ihr nicht auf, dass sie meine Mutter bevormundete und wie ein Kind behandelte. Mein Vater verließ dann den Raum, da er sich nie in sogenannte Frauenangelegenheiten einmischte, und ließ meine Mutter ohne Unterstützung zurück. Die meiste Zeit gab meine Mutter nach, um einen Streit zu vermeiden.

Ende der fünfziger Jahre, etwa zwei Jahre nach seiner Heirat, beschloss mein Vater mit der Landwirtschaft aufzuhören, da sie sich nicht mehr auszahlte. Die Landwirtschaft war zu klein und das Einkommen zu gering. Das Haus musste renoviert werden und die Preise für Weizen waren zu niedrig, als dass es sich gelohnt hätte, ihn weiter anzubauen.

Er begann in einer Fabrik zu arbeiten, was er nicht gerne tat, da er in Staub und Hitze schwere Gewichte heben und Chemikalien mischen musste. Das Arbeiten im Dreischichtsystem war für ihn aufgrund des sich ständig ändernden Schlafmusters schwierig.

„Die Nachtschichten sind die schwierigsten", sagte er immer.

Er war nicht glücklich bei der Arbeit, aber es schien für ihn die beste Lösung zu sein, um ein Einkommen zu verdienen, das die Familie ernähren würde. Er hielt immer noch zwei Schweine, Hühner und Kaninchen für den Eigenbedarf, da er gerne gutes Fleisch aß und es ihn gleichzeitig von der Fabrikarbeit ablenkte.

Meine Mutter wurde gleich nach der Heirat 1957 schwanger. Da sie schon Mitte dreißig war, hatte sie nicht damit gerechnet, dass sie so schnell in gute Hoffnung kommen würde. Sie hatte keine Beschwerden bis zu diesem einen Nachmittag. Ihr Kreislauf spielte verrückt, ihr war schwindelig und sie erbrach. Dann sah sie das Blut und erschrak. Instinktiv wusste sie, dass sie das Kind verlieren würde.

Meine Oma Margarete unterstützte meine Mutter so gut sie konnte, denn sie wusste selbst, wie schwer es war, ein Kind zu verlieren. Der Verlust des Kindes war für meine Eltern schwer zu ertragen, aber sie gaben ihren Kinderwunsch nicht auf. Es dauerte seine Zeit, bis meine Mutter wieder schwanger wurde.

Aber auch dieses Mal sollte es nicht gut gehen. Meine Mutter erlebte die zweite Fehlgeburt und war untröstlich. Meine Eltern sprachen nicht über ihren Verlust, wie üblich. Der Schmerz saß einfach zu tief. Sie wussten nicht, wie sie damit umgehen sollten.

Mittlerweile war meine Mutter 36 Jahre alt, und die Chancen, Kinder zu bekommen, wurden geringer. Sie gab sich selbst die Schuld für die Fehlgeburten und dass sie nicht in der Lage war, das zu tun, was alle anderen Frauen so einfach hinbekamen – ein Kind zu gebären. Stoisch verrichtete meine Mutter ihre Alltagsroutine, um den Schmerz zu vergessen.

Als meine Mutter ihren 38. Geburtstag feierte, merkte sie, dass Ihre Regel ausgeblieben war. Voller Hoffnung ging sie zu ihrer Gynäkologin und bekam die Bestätigung:

„Frau Steckler, Sie sind schwanger. Herzlichen Glückwunsch. Schonen Sie sich, damit Sie die ersten drei Monate überstehen und danach dürfte alles gut sein."

Die ersten drei Monate verliefen ohne Beschwerden und die weitere Schwangerschaft machte auch keine Probleme. Meine Eltern hatten wieder Hoffnung geschöpft, doch noch Eltern zu werden.

Der Tag der Entbindung kam. Alle waren sehr gespannt auf das Kind, das in ihre Familie aufgenommen werden wollte, doch meine Mutter wurde von einem Kind entbunden, das nicht mehr am Leben war. Der Schock saß tief.

Meine Mutter weinte, bis keine Tränen mehr flossen und sie sich leer fühlte. Mein Vater unterdrückte seine Gefühle. So hatte er es gelernt und so war es gut. Um seiner Frau nicht weh zu tun, sagte er gar nichts. Aber diese Sprachlosigkeit zwischen den beiden lastete schwer. Unausgesprochenes kann verletzender sein als ausgesprochene Sorgen und Wahrheiten.

Und dann kam sie doch noch die Überraschung. Im Alter von 40 Jahren gebar meine Mutter 1961 eine Tochter. Meine Eltern nannten mich Eva, was so viel bedeutet wie ‚das Leben‘ oder ‚die Leben Spendende‘. Meine Mutter konnte es selber nicht fassen und gab der Überraschung folgendermaßen Ausdruck: „Ich weiß nicht, wo du hergekommen bist, aber wir sind froh, dass wir dich haben.“

Mein Vater sagte in seinem harten Ton: „Ich hätte mir ja einen Jungen gewünscht, aber jetzt ist es halt ein Mädchen." Er war ein sehr strenger Mann, sehr zurückhaltend, und konnte seine Gefühle mir gegenüber so gut wie nie zeigen. Ich fühlte mich nie von meinem Vater angenommen. Zum einen, weil ich ein Mädchen und kein Junge war, und zum anderen fühlte ich, dass die Verantwortung für eine Familie ihn überwältigte.

Um seine Schwäche nicht zu zeigen, reagierte er oft in einem gereizten Ton. Wenn er mit mir sprach, hatte ich Angst. Eigentlich brauchte er mich nur von der Seite her anzusehen und ich erstarrte zur Salzsäule. Innerlich war ich sehr enttäuscht, dass er nicht erkannte, wie sehr ich ihn liebte und dass ich alles für ihn getan hätte, ganz einfach, weil er mein Papa war und ich ihn gernhatte. Ich empfand seine Strenge, als Zurückweisung. Die Angst, etwas zu tun, was ihm nicht gefiel, saß tief in mir, denn ich wollte unbedingt vermeiden, dass er böse wurde und sich schlecht fühlte.

Um ihm zu gefallen, benahm ich mich burschikos wie ein Junge. Ich liebte es draußen zu sein, kletterte auf Bäume, radelte mit meinem Fahrrad und rannte mit meinen Rollschuhen so schnell es ging durch unser Dorf. Jede Gelegenheit, die ich nutzen konnte, um von zu Hause wegzukommen, nutzte ich.

Als einziges Kind meiner späten Eltern wurde ich behütet wie ein Schatz. Meine Eltern hatten Angst, dass mir etwas zustoßen könnte, und erlaubten mir so gut wie nichts. Meine Schulfreundinnen durften im Sommer ins Schwimmbad, ich musste zu Hause bleiben. Ich wollte mit zur Maitour, durfte aber nicht, weil ja etwas hätte passieren können.

Meine Kindheit war von Verboten geprägt. Ich nahm mich ständig zurück und traute mich nicht, meine Wünsche und Bedürfnisse zu äußern, weil ich die Antwort ja schon kannte und das Nein nicht mehr hören wollte. Ich empfand mein Leben als einschränkend und nicht besonders lebenswert. Das Leben hatte für mich nichts vorgesehen, außer meinen Eltern dabei zu helfen, ihre schwere seelische Last zu tragen.

Meine Oma Margarete hielt die Familientraditionen hoch. Jedes Jahr an Allerheiligen kam die Verwandtschaft zu Besuch und wir gingen alle zusammen in die Kirche zur Vesper und anschließend zur Gräbersegnung. Danach gab es Kaffee und Kuchen sowie Schnittchen mit selbstgeräuchertem Schinken und Wurst aus eigener Herstellung. Es erinnerte mich an die Filme über Michel aus Lönneberga, nur vermied ich jeden Ärger und spielte das brave Kind.

Allerheiligen war natürlich auch die Gelegenheit, alte Freunde und Bekannte nach der Gräbersegnung im Gasthaus direkt gegenüber der Kirche zu treffen, die sich die Männer der Familie nicht entgehen ließen, bevor sie zu uns nach Hause zum Essen kamen.

Als mein Vater zur Haustüre hereinkam, ging er schnurstracks in die Küche, wo meine Mutter kalte Platten zubereitete, und dann gleich zu Bett. Das war ein ungewohntes Verhalten meines Vaters, und wir, die wir im Wohnzimmer saßen, ahnten gleich, dass etwas nicht stimmte.

Meine Tante sagte: „Das ist komisch. So kenne ich Martin gar nicht."

Mein Patenonkel Emil stimmte ihr mit besorgtem Blick zu. „Ich schau mal nach Martin und frage ihn, was los ist".

Er ging ins Schlafzimmer meiner Eltern, das über unserem Wohnzimmer lag. Es dauerte nicht lange und mein Patenonkel trampelte so laut mit seinen Füßen auf den Boden, dass wir es im Wohnzimmer hörten und uns alle erschraken. Er rief laut: „Schnell, schnell, ruft den Krankenwagen."

Ich war so erschrocken, dass ich sofort die Treppe hochrannte, zwei Stufen auf einmal nehmend. Ich sah meinen Vater auf dem Bett liegend, als wäre er tot. Mein Patenonkel bearbeitete ihn mit Herzmassage und Mund-zu-Mund-Beatmung. Ich hatte noch nie vorher so viel Angst verspürt wie in diesem Moment. Die Angst, meinen Vater zu verlieren, nahm mein ganzes Ich ein. Es war wie eine Blockade. Ich konnte nicht schreien. Ich betete laut vor mich hin – nein, es war kein Beten, sondern ein Flehen.

„Bitte, lieber Gott, lass ihn leben, lass ihn leben. Bitte, bitte." Ich wiederholte den Satz wie ein Mantra und stand immer noch erstarrt im Treppenhaus, unfähig mich zu bewegen. Dieses Trauma, meinen Vater zu verlieren, begleitete mich mein ganzes Leben lang und beeinflusste dadurch auch meine anderen Beziehungen.

„Kann jemand das Kind ins Wohnzimmer bringen? Sie sollte das nicht sehen", rief meine Mutter. Die Kusine meines Vaters nahm mich mit nach unten und tröstete mich.

Mein Patenonkel gab nicht auf und tat alles, um meinen Vater am Leben zu halten. Hier habe ich das erste Mal erkannt, wie wichtig es ist durchzuhalten, wenn man etwas Richtiges tut. Ich glaube nicht, dass mein Vater am Leben geblieben wäre, hätte mein Onkel nicht all seine Kräfte eingesetzt. Der Arzt, der eine Stunde später aus der Stadt kam, meinte nur, „Sie übergeben mir hier einen halbtoten Mann." Er konnte meinen Vater aber so weit stabilisieren, dass die Ambulanz ihn mit dem Krankenwagen ins Krankenhaus auf die Intensivstation bringen konnten. Mein Patenonkel und meine Mutter fuhren hinterher und warteten eine weitere Stunde auf den Arzt der

Intensivstation. Ich blieb zurück mit meiner Oma und wir beteten zusammen für meinen Vater, bis ich so erschöpft war, dass ich einschlief.

„Ihr Ehemann hatte einen schweren Hinterwandherzinfarkt, Frau Steckler. Wir konnten ihn soweit stabilisieren und hoffen, dass wir morgen mehr wissen. Er war sehr lange bewusstlos und wir können deswegen erst nach weiterer Untersuchungen ausschließen, ob es noch weitere Schäden gibt. Ich kann Ihnen im Moment leider nicht mehr sagen. Das Beste ist, Sie fahren nach Hause und ruhen sich aus."

Meine Mutter war sehr bedrückt und hoffte, dass mein Vater keine weiteren Schäden davontrug. Was würde werden, wenn er Hirnschäden hätte? Das würde unser ganzes Leben auf den Kopf stellen, unsere finanzielle Situation würde noch schlechter werden. Sorgen hatte sie schon genug. Meine Eltern hätten alles getan, um nicht auf Sozialhilfe angewiesen zu sein.

Glücklicherweise traf das alles nicht zu. Drei Tage später konnte mein Vater die Intensivstation verlassen, musste aber noch weitere sechs Wochen auf der Kardiologie bleiben, bis er mit seinen Medikamenten eingestellt war. Meine Mutter stattete meinem Vater tägliche Besuche ab, und ich besuchte ihn jeden Sonntag.

Ich war überglücklich, dass mein Vater überlebt hatte. Meine Liebe zu ihm war größer, als ich ihm je zeigen durfte. Wenn ich ihn im Krankenhaus besuchte und ihm einen Kuss gab, küsste er mich zwar auch, sagte aber gleich: „Eva, setz dich zu mir auf das Bett.", und dann redete er nur noch mit meiner Mutter über das Krankenhaus, seine Medikamente und seine Reha Klinik.

Ich war neun Jahre alt und fand diese Besuche sehr langweilig und fühlte mich überflüssig. Als ich nicht mehr mitfahren wollte, intervenierte meine Oma.

„Wir sind eine Familie Eva, und eine Tochter besucht ihren Vater im Krankenhaus. Da gibt es nichts zu diskutieren."

Die Genesung meines Vaters schritt voran. Als der Arzt ihm eröffnete, dass er nicht mehr arbeiten konnte, brach für ihn eine Welt zusammen. Er fühlte sich als Versager, weil er krank war, und konnte es nicht akzeptieren. Er überredete den Arzt, bis nach der Reha zu warten und dann erst eine Entscheidung zu treffen.

Die Reha hatte meinen Vater zwar gestärkt, aber seine Art zu Denken nicht geändert. Er aß weiterhin viel Schweinefleisch. Zwar hatte er das Rauchen in der Reha aufgegeben, doch dadurch so viel an Gewicht zugenommen, dass es sein Herz überlastete. Der Arzt wollte ihn arbeitsunfähig schreiben, aber mein Vater bestand darauf, dass der Arzt ihn versuchsweise arbeitsfähig schrieb.

Er ging wieder zu seiner schweren Arbeit in die Fabrik. Es war ihm wohl auch bewusst, dass, wenn er in Frührente geschickt würde, sein Einkommen sehr viel geringer wäre, weil er gerade mal 15 Jahre in die Rentenversicherung eingezahlt hatte.

Er lebte sein Leben genauso, wie er es vor dem Herzinfarkt getan hatte. Seine Gewohnheit, den örtlichen Fußballclub zu unterstützen, wenn der ein Heimspiel hatte, hätte ihn beinahe das Leben gekostet.

Der Fußballplatz lag außerhalb unseres Ortes und man konnte einen kleinen Waldweg als Abkürzung nehmen. Es war Herbst und wurde früher dunkel, also machte sich mein Vater gleich nach dem Spiel auf den Nachhauseweg und nahm die Abkürzung. Mittlerweile war es ganz dunkel geworden und mein Vater war immer noch nicht zu Hause. Meine Mutter wurde mit jeder Stunde unruhiger und hatte Angst, dass ihm etwas passiert war.

Als es an der Tür klingelte, wussten wir alle drei, dass meinem Vater etwas zugestoßen war. Ein Nachbar kam vorbei und teilte uns mit, dass mein Vater bewusstlos auf dem kleinen Waldweg gefunden worden war und der Krankenwagen ihn ins Krankenhaus gebracht hatte. Mehr konnte er uns auch nicht mitteilen. Meine Mutter hatte keinen Führerschein und rief meinen Patenonkel an, der natürlich gleich kam und mit ihr ins Krankenhaus fuhr.

Wieder mal war Martin, mein Vater, knapp dem Tod entgangen, im Alter von 46 Jahren, demselben Alter, in dem sein Vater verstorben war.

Der Arzt sagte meinem Vater klipp und klar, dass er sein Leben umstellen musste, wenn er nicht im Rollstuhl enden wollte. Er schrieb ihn arbeitsunfähig und der Prozess der Verrentung begann. Mein Vater ging morgens spazieren, aber jedes Mal, wenn er nach Hause kam, war er unglücklich.

„Wenn ich durchs Dorf gehe, habe ich das Gefühl, die Leute zeigen mit den Fingern auf mich und sehen in mir einen Faulenzer, der nicht arbeiten möchte."

Zur damaligen Zeit fuhr der örtliche Metzger noch zu den Bauernhöfen und holte das Vieh zum Schlachten selbst ab. Er fragte meinen Vater, ob er nicht Lust hätte, ihn zu begleiten. Mein Vater war natürlich begeistert, endlich kam Abwechslung in sein Leben und er fühlte sich wieder nützlich. Die Frau des Metzgers bot meiner Mutter eine Stelle als Reinigungsfrau an, die meine Mutter gerne annahm, obwohl mein Vater dagegen war. Er hatte noch dieses altmodische

Verständnis, dass seine Frau nicht arbeiten sollte, weil er den Lebensunterhalt für die Familie verdienen musste. Aber er gab zu, dass der Zuverdienst meiner Mutter hilfreich war, da er nur eine kleine Rente bekam.

Obwohl es meinem Vater besser zu gehen schien, hatte er seit seinem ersten Herzinfarkt alle sechs Monate regelmäßige Krankenhausaufenthalte, weil er kleinere Infarkte erlitt. Wir drei Frauen lebten in ständiger Angst, ihn zu verlieren. Das ging so weit, dass ich auf dem Nachhauseweg von der Schule schon betete, dass es meinem Vater gut ging.

Als ich dreizehn Jahre alt war, kam meine Oma ins Krankenhaus. Sie litt schon länger an Wasseransammlungen in den Beinen, aber dieses Mal wurde das Wasser auch in ihrer Lunge diagnostiziert. Sie kam ins Krankenhaus und wurde punktiert, aber es half nicht. Nach ein paar Tagen kam ein Anruf, dass meine Oma in der Nacht verstorben sei.

Ich war unendlich traurig, weil meine Oma nicht mehr zurückkommen würde, und enttäuscht, weil mich niemand aufgeklärt hatte und ich mich nicht verabschieden konnte. Ich war dreizehn Jahre alt und hätte es verstanden! Meine Eltern folgten weiter ihrer alten Gewohnheit, über unangenehme Dinge nicht zu sprechen. Ich fühlte mich sehr allein ohne meine Oma. Sie fehlte mir sehr.

Wegen der vielen Herzattacken bekam mein Vater einen Herzschrittmacher gesetzt, was zu der damaligen Zeit (1975) noch eine riskante Operation war, aber sie verlief ohne Probleme. Er fühlte sich besser, weil das Herz Unterstützung hatte. Die Lebensdauer der Batterie hielt leider nur für zwei Jahre. Danach musste sie erneuert werden, was ein zusätzliches Risiko für meinen Vater bedeutete.

Da mein Vater Blutverdünner einnahm, war die Heilung der Wunde sehr langwierig. Ein Teil der Wunde wuchs nicht mehr zusammen. Mein Vater konnte seinem Hobby nicht mehr nachgehen und den Metzger begleiten, er wurde schwermütig und unleidlich. Jeden Tag merkte man, dass es ihm schlechter ging.

Im August 1977 hatte er aufgegeben, gegen seine Krankheit anzukämpfen. Der Sterbeprozess zog sich über zwei Wochen hin, weil der Herzschrittmacher sein Herz immer wieder antrieb, sobald die Leistung nachließ. Die Familienmitglieder und eine liebevolle Nachbarin wechselten sich bei der Nachtwache ab, sodass meine Mutter nicht alleine war. Ich half so gut ich konnte. Im Kreise seiner Familie schlief er friedlich im Alter von 56 Jahren ein.

Ich war 16 Jahre alt als mein Vater starb. Für meine Mutter war es schwer, ohne meinen Vater im Leben zurechtzukommen.

Sie tat sich selbst am meisten leid. Ein Jahr nach dem Tod meines Vaters wurde bei ihr die Parkinsonkrankheit diagnostiziert. Seit Vaters Tod war sie noch trauriger, und ich versuchte sie zu unterstützen. Sie hatte einen Tremor in ihren Händen und konnte ohne ihre Medikamente die Hände nicht mehr gezielt benutzen.

Mit 17 war ich echt angefressen vom Leben. Warum immer ich? Warum kann meine Familie nicht sein, wie alle anderen auch? Warum habe ich nur kranke Menschen um mich herum? Ich war im Teenageralter und wollte mich amüsieren, statt mich um meine Eltern zu sorgen.

Meine Mutter hatte Angst mich zu verlieren und klammerte deshalb noch mehr. Sie manipulierte mich, wo sie konnte. Wenn ich in Urlaub fahren wollte, konnte ich mich darauf verlassen, dass sie sich ein paar Tage vorher ins Krankenhaus einliefern ließ. Jedes Mal sprach ich mit ihrem Arzt und jedes Mal versicherte er mir, ich solle mir keine Gedanken machen, meine Mutter wäre in keinem lebensbedrohlichen Zustand und ich müsste mein eigenes Leben leben. Er könne mir ruhigen Gewissens bestätigen, dass meinem Urlaub nichts im Wege stehen würde.

Ich nahm meinen ganzen Mut zusammen und konfrontierte mit zitternder Stimme meine Mutter mit meiner

Entscheidung, dass ich trotz ihres Krankenhausaufenthalts in Urlaub fahren würde. Sie war entsetzt und fassungslos. „Wie kannst du mich nur alleine lassen, wenn ich im Krankenhaus bin?" Ich fuhr zwar in den Urlaub, hatte aber immer das schlechte Gewissen und die Schuldgefühle mit im Gepäck.

Es entlastete mich, dass ihr Arzt mir zu verstehen gab, dass ich ein Recht auf mein eigenes Leben hatte, und meine Mutter sich um sich selbst kümmern konnte. Er sah natürlich, dass sie ihre Verantwortung auf mich abwälzte.

Damals lebte ich zwei Leben. Das eine war traurig und sorgenvoll, wenn ich zu Hause war. Das andere war frei, voller Tatendrang und Neugierde, wenn ich außer Haus war.

Erkenntnisse

Früh in meinem Leben lernte ich, dass ich Anerkennung erhielt, wenn ich etwas für andere tat. Ich fühlte mich von meiner Großmutter wertgeschätzt durch ihr Lob. Dieses Gefühl nährte meine Seele und war die Währung, die mich reich machte. Es lehrte mich aber auch, dass ich, wenn ich gesehen und anerkannt werden wollte, etwas für andere tun musste. Mit anderen Worten, ich als kleine Person war nicht ausreichend, nur durch meine Taten wurde ich wichtig.

Konfliktvermeidung war in meinem Elternhaus an der Tagesordnung. Da mein Vater sehr streng war und ich Angst vor ihm hatte, entwickelte ich ein großes Feingefühl für brenzlige Situationen. Ich wusste, wann es besser war, mich zurückzuhalten, anstatt Aufmerksamkeit zu verlangen. Da die Momente, in denen ich mich zurückhielt, viel öfter vorkamen, habe ich mein Verhalten danach ausgerichtet zu erfühlen, ob eine Situation für mich unsicher war oder ob ich mich frei ausleben konnte. Frei ausleben konnte ich mich nur, wenn entweder mein Vater oder ich nicht zu Hause war.

Als meine Tochter 1991 geboren wurde, wollte ich auf keinen Fall, dass sie so aufwachsen sollte. Sie sollte die Freiheit genießen, sich zu entwickeln und sich auszuprobieren, Spaß haben bei dem, was sie tat und neugierig sein auf das Leben. Das war genau das, was Christiane tat, nur leider aus einem anderen Grund. Sie tat es für mich, weil sie mich nicht enttäuschen wollte. Als sie mir das sagte, war ich ehrlich geschockt, denn ich wollte doch auf keinen Fall die gleichen Fehler machen wie meine Eltern. Es zeigte mir aber auch, dass es Familienmuster gibt, die sich über Generationen hinweg einprägen.

Wenn ich mich nun frage, warum ich Christiane zehn Jahre unterstützt habe, trotz aller Enttäuschungen, die mich regelmäßig auch heute noch tief ins Herz treffen, dann muss ich ehrlich mit mir sein: Es ging mir dadurch gut. Dieses Helfersyndrom, das ich schon früh entwickelt hatte, führte mich in eine Co-Abhängigkeit, die ich nicht als solche erkannte. Sie gab mir aber die Gelegenheit mich nach außen hin als die gute Mutter darzustellen, die Lob verdient hatte.

Genau wie meine Eltern nicht offen über Unangenehmes sprachen, sprach ich auch nicht über die Sucht meiner Tochter, sondern machte alles mit mir selber aus. Die Ratschläge meines Partners, Christiane nicht mehr finanziell zu unterstützen, schloss ich kategorisch aus, und unterstellte ihm, dass er mich nicht verstehen wollte. Nur ich wusste, was richtig war, und lehnte seine berechtigten Einwände ab.

Es war einfach so in mir drin, dass ich nur glücklich sein durfte, wenn ich es mir verdiene. Wenn meine Tochter Probleme hatte, dann *hatte ich einfach nicht genug getan, damit sie ihr Leben meistern konnte.*

Die damit verbundene Schuld wuchs in mir so stark an, dass ich es fast nicht mehr ertragen konnte. Und ich wollte es immer noch nicht sehen! Nämlich, dass ich keinen Einfluss auf Christianes Drogensucht hatte und sie die Einzige war, die ihr Leben in die Hand nehmen konnte. Ich wollte die Kontrolle über ihr Leben nicht loslassen. Anstatt mich um mich selbst zu kümmern und an meinen eigenen Baustellen zu arbeiten, suchte ich nach Möglichkeiten, sie wo immer möglich zu unterstützen.

Heute weiß ich, dass das meine Strategie war, meine Gefühle von Schmerz, Wut und Angst zu vermeiden, denn das hatte ich ja schon in meinem Elternhaus gelernt. Das Eingeständnis, dass ich das Leben meiner Tochter nicht für sie leben kann, sondern dass nur sie das alleine tun konnte, tat sehr weh, denn ich war ja davon überzeugt, dass ich am besten wusste, was gut für sie war.

Es brauchte seine Zeit, bis ich anerkennen konnte, dass Konflikte Klarheit bringen und Missverständnisse aufklären können. Es fällt mir immer noch schwer 'Nein' zu sagen, denn sich zu ändern ist ein langer Prozess, aber es gelingt mir immer öfter. Und jedes Mal, wenn es mir gelingt, bin ich stolz auf mich.

Der erste Freund (1979-1983)

Eine enge Beziehung braucht zwei weite Herzen

Ernst Ferstl

Meinen ersten Freund Hajo lernte ich in der Berufsschule kennen. Zusammen mit den anderen Schülern gingen wir nach dem Unterricht etwas trinken, an den Wochenenden ins Kino, oder machten Sonntagsausflüge in die Umgebung. Wir wurden sehr enge Freunde. Ich nutzte jede Gelegenheit, um mit ihnen zusammen zu sein, denn sie gaben mir Leichtigkeit, Spaß und Unterstützung. All das, was ich zu Hause vermisste.

Hajo und ich verstanden uns sehr gut und ich liebte seinen Humor. Er war lustig und machte das Beste aus allem, also das Gegenteil von mir. Ich war eher schüchtern und zurückhaltend.

Ich fühlte mich schon seit einiger Zeit zu ihm hingezogen, war mir aber nicht sicher, ob Hajo dasselbe für mich empfinden würde. Eines Abends gingen wir zusammen in unsere Lieblingskneipe und meine Gefühle fuhren Achterbahn. Wir unterhielten uns, lachten, tranken, rauchten wie zwei Schlote und waren glücklich. Ich hatte Schmetterlinge in meinem Bauch. Mein Solarplexus fuhr Achterbahn „Das muss die große Liebe sein, von der immer alle reden", sagte ich zu mir selbst. Die Gefühle erfüllten mich mit Glückseligkeit. Ängstlich hoffte ich, dass Hajo auch so empfinden würde.

Hajo ging an die Theke und bestellte ein neues Päckchen Zigaretten. Als er zurück zum Tisch kam, sah er in meine Augen, und sagte:

„Ich muss dir was sagen. Ich habe mich in dich verliebt und hoffe, du empfindest dasselbe für mich."

Mein Herz jubelte und ich erwiderte: „Ja, Ja". Ich konnte den Satz nicht beenden, denn Hajo nahm mein Gesicht zwischen seine Hände und küsste mich. Ich war auf Wolke sieben. Am nächsten Tag erzählten wir es unseren Freunden und wurden von allen beglückwünscht.

Hajo hatte eine leichte Nierenschwäche, die medikamentös eingestellt war. Ein Grund, warum meine Mutter nicht wollte, dass ich mit ihm zusammen war.

Sie sagte: „Ich weiß, wie es ist, mit einem kranken Mann verheiratet zu sein, du solltest dir das ersparen."

Ich war entsetzt ob der Kälte, mit der meine Mutter redete, und entgegnete „Wie kannst du so etwas sagen. Ich liebe Hajo, ganz egal, ob er krank ist oder nicht."

„Du wirst noch an mich denken", entgegnete meine Mutter.

Ich hatte mir keine Gedanken darüber gemacht, dass Hajo krank war. Vor allem, weil ihn seine Krankheit nicht daran hinderte, ein normales Leben zu führen. Außerdem wäre meine Mutter mit keinem Mann einverstanden gewesen, denn es hätte bedeutet, dass ich ausziehen würde, und sie alleine zurückblieb.

Von nun an trafen wir uns fast täglich. Die Welt drehte sich nur noch um uns. Wir hörten Musik, tanzten und liebten uns. Wir lebten auf einer Insel der Glückseligkeit, hatten viele Freunde und gingen oft aus. Unsere beruflichen Karrieren entwickelten sich sehr gut, wir machten gemeinsam Urlaub mit unseren Freunden, kurz gesagt: Das Leben war gut zu uns. Ich hatte in Hajo den Prinzen gefunden, der mich aus der Tristesse meines Elternhauses befreite.

Allerdings fiel mir nicht auf, dass ich mein Leben nur noch nach Hajos Wünschen richtete. Es war ein schleichender Prozess während der ersten zwei Jahre. Wenn Hajo keine Lust auf einen Kinobesuch hatte, dann hatte ich auch keine Lust darauf, obwohl ich mir den Film gerne angesehen hätte. Wenn er nicht in die Stadt fahren wollte, dann wollte ich es auch nicht. Ohne Hajo hatte ich keinen Spaß mehr im Leben. Obwohl es mich zermürbte, dass ich immer wieder nachgab, mich nach Hajos Wünschen richtete, anstatt mich um meine eigenen Wünsche zu kümmern, konnte ich mein Verhalten nicht ändern. Wenn Hajo nicht bei mir war, fehlte mir etwas. Ich machte das Funktionieren unserer Beziehung zu meiner Verantwortung. Die Angst ihn zu verlieren, war zu groß.

Rückblickend weiß ich, dass ich das Muster, das meine Eltern mir vorlebten, mit in meine Beziehung genommen habe. Ich machte mir Sorgen um Hajo, wie meine Mutter es bei meinem Vater getan hatte. Die Angst der neunjähren Eva, den Vater zu verlieren, übertrug sich auf Hajo.

Irgendwie lebte ich zwei Leben. Ich versuchte die Leichtigkeit der ersten beiden Jahre in unserer Beziehung zu erhalten, aber gleichzeitig war ich unfähig mein Verhalten zu ändern und aus dem Kontrollmodus und dem Sich-Sorgen herauszukommen. Unsere Beziehung nahm meine ganze Aufmerksamkeit in Anspruch und natürlich sollte sie perfekt sein. Es fiel mir zunehmend schwerer, Zeit ohne Hajo zu verbringen, denn das bedeutete gleichzeitig, dass ich keine Kontrolle mehr über unsere Beziehung hatte. Wenn er morgens zu seinem Arbeitsplatz ging und ich zu meinem, vermisste ich ihn schon, wenn ich an meinem Schreibtisch ankam. Ich hätte ihn am liebsten gleich angerufen, um ihn zu fragen, ob er gut angekommen ist und was er denkt und fühlt.

Im dritten Jahr unserer Beziehung wurden die Probleme sichtbar. Ich spürte, dass Hajo sich mehr und mehr zurückzog. Er sprach nicht mehr offen darüber, was er machte, wenn er nicht mit mir zusammen war, was sehr an mir nagte, denn ich wollte ja alles wissen, damit ich die Kontrolle hatte. Eine gute Freundin ließ sich scheiden und ich wusste, dass Hajo sie unterstützte. Ich war nicht glücklich über diese Freundschaft, da ich Angst hatte, es könnte sich eine Affäre zwischen den beiden entwickeln.

Hajos Mutter fragte mich eines Abends: „Eva, ich weiß nicht, ob du Bescheid weißt, aber Hajo ging letzte Woche ein paar Mal aus, ohne zu sagen, was er machte. Ich bin etwas besorgt. Weißt du, wohin er fuhr?"

Ich spielte es herunter und gab vor, informiert gewesen zu sein, musste mir aber selber eingestehen, dass ich keinen blassen Schimmer hatte. Ich wollte es nur nicht vor Hajos Mutter zugeben und vor allem wollte ich nicht, dass es so aussah, als wäre unsere Beziehung nicht perfekt. Meine Gedanken fingen sofort an ein Spinnennetz zu weben. Was, wenn Hajo fremdging und mich betrog oder sich sogar von mir trennen wollte? Was würde dann aus meinem Leben? Wie sollte ich unseren Freunden unter die Augen treten?

Als ich mit Hajo alleine war, fragte ich ihn zuerst in ruhigem Ton. „Weißt du, wie dumm und beschämt ich mich gefühlt habe, als deine Mutter mich fragte, ob ich wüsste, wo du abends hinfährst und was du machst?"

Danach konnte ich nur noch schreien, „Wo warst du die letzten Abende und mit wem?" Der Schmerz hatte mich überwältigt. Ich war außer mir. Ein Zustand, den ich bis dahin so noch nicht erfahren hatte.

Mein Herz fühlte sich an, als würde es in zwei Teile reißen, ohne dass eine Heilung möglich war. Ich war nahe an einem Nervenzusammenbruch. Hajo war erschrocken über meine Reaktion, denn auch er hatte mich so noch nicht erlebt. Mein Schmerz war unsäglich.

Hajo gab zu: „Ja du hast recht. Wenn ich gewollt hätte, hätte ich eine Affäre mit ihr haben können, aber ich habe das Angebot abgelehnt. Um ehrlich zu sein, war mir die ganze Situation unangenehm, aber ich brauchte auch eine Pause von unserer Beziehung. Sie ist mir zu eng geworden. Ich brauche mehr Freiheit. Lass uns jeder über unsere Beziehung nachdenken und wir sprechen nochmal in einer Woche darüber."

Ich fühlte mich hintergangen. Mein ganzes Leben drehte sich um Hajo. Dies war der Tag, an dem ich merkte, dass ich so nicht weitermachen wollte. Ich konnte mich verbiegen bis zu einem bestimmten Punkt, aber dann war Schluss.

Tief verletzt und seelisch angeschlagen fuhr ich nach Hause. Ich fühlte mich wie die einsamste Seele auf dem ganzen Planeten. Innerlich leer und gleichzeitig trotzig.

Wir trafen uns die folgende Woche und Hajo sagte: „Ich habe viel über uns und unsere Beziehung nachgedacht und ich würde gerne mit dir zusammenbleiben. Es war ein Fehler, dass ich nicht schon früher mit dir gesprochen habe, damit wir unsere Beziehung anders hätten gestalten können."

Ich war immer noch verletzt und fragte mich, ob ich Hajo weiterhin vertrauen wollte, konnte aber keine überzeugende Entscheidung treffen, und so stimmte ich Hajo zu und wir blieben erst einmal zusammen. Es war keine Herzensentscheidung, sondern eine, die mein Kopf getroffen hatte.

Genau zu dieser Zeit lud mein Patenonkel Hajos Eltern, meine Mutter und uns beide zum Mittagessen und dem obligatorischen Kaffee und Kuchen am Nachmittag ein. Mein Patenonkel war wie ein Vater für mich und dachte, er täte mir etwas Gutes, wenn er die zukünftige Schwiegerfamilie willkommen hieße. Der Nachmittag war sehr unterhaltsam, aber Hajo und ich konnten uns kaum in die Augen sehen, da wir natürlich wussten, dass unsere Gefühle nicht das widerspiegelten, was die beiden Familien von uns erwarteten.

Wir rangen noch einige Monate um unsere Beziehung, aber es wurde nicht mehr, wie es vorher war. Ich versuchte, mich zu distanzieren und mir ein Leben aufzubauen, bei dem ich meine Bedürfnisse in den Mittelpunkt stellte. Aber was waren meine Bedürfnisse? Ich wusste es nicht. Ich hatte Hajos Bedürfnisse zu den meinen gemacht.

Wie immer, wenn ich etwas ändern wollte in meinem Leben, tat ich das über das Lernen von etwas Neuem oder meinen Beruf. Ich hatte mich auf einen neuen Job beworben und bekam die Stelle. Das neue Umfeld tat mir gut. Ich lernte eine Kollegin kennen, die neu in der Stadt war und auch Anschluss suchte. Wir unterhielten uns öfter und ich sprach mit ihr über meine Beziehung.

Sie empfahl mir, einige Lebensratgeber zu lesen und mich erst danach zu entscheiden, ob ich die Beziehung beenden möchte. Ich war dankbar für ihre Hinweise, da es den Druck von mir nahm, direkt eine Entscheidung zu treffen, für die ich noch nicht reif war. Ich hatte nun mein eigenes Leben und meine Kollegen waren meine Kollegen und nicht Hajos Kollegen. Ein Umstand, der mir Mut machte und neue Ideen und Gelegenheiten in mein Leben brachte.

Mir gefiel mein neues Leben und ich sah es als Neuanfang. Hajo und ich stritten uns häufig, weil ich nicht mehr wie vorher ständig zur Verfügung stand. Die andauernden Streitereien und Konflikte mit ihm belasteten mich und ich beendete unsere Beziehung. Hajo war enttäuscht, dass ich aufgab, aber er akzeptierte es. Ein paar Monate später erfuhr ich, dass er in einer neuen Beziehung war.

Ich musste mich immer noch daran gewöhnen, ohne ihn zu sein, gleichzeitig wusste ich aber, dass es der richtige Schritt in eine neue Freiheit war.

Erkenntnisse

So schrecklich und schwierig diese Zeit in meinem Leben auch war, so war sie doch vor allem sehr lehrreich. Nach meiner gescheiterten Beziehung mit Hajo wusste ich, dass ich mich verändern musste, um glücklicher zu werden, und um meine Persönlichkeit weiterzuentwickeln. Ich wollte nicht mehr leiden und die alten Fehler meiner Eltern wiederholen.

Der Lebensratgeber „Wenn Frauen zu sehr lieben: Die heimliche Sucht gebraucht zu werden" von Robin Norwood hat mir die Augen geöffnet. Jeder Satz, den ich las, zeigte mir auf, welche Fehler ich in unserer Beziehung gemacht hatte. Es war, als würde ich in einen Spiegel schauen, aber mir gefiel nicht, was ich dort sah.

Ich lernte sehr viel über mich, unter anderem, dass ich keine Eigenverantwortung für mein Leben übernommen hatte. Stattdessen hatte ich mich hinter Hajo versteckt und es ihm überlassen, die Entscheidungen zu treffen. Er fühlte sich mit dieser Situation unbehaglich, sprach es aber auch nicht an.

Ich nahm mich selbst nicht wichtig genug, um mein eigenes Leben zu gestalten, und lebte deshalb Hajos Leben. Dabei verlor ich mich selbst. Nach der Trennung fühlte es sich an, als ob eine Hälfte von mir abgetrennt war. Ich konnte die energetische Leere direkt neben mir fühlen. Es gab Tage, an denen ich die Trennung gerne rückgängig gemacht hätte, aber ich war dann doch zu sehr Realistin und erkannte, dass es ein Schritt rückwärts gewesen wäre statt eines Neuanfangs.

Das Buch empfahl, jeden Tag zwei- bis dreimal Affirmationen zu sprechen. Während ich vor dem Spiegel stand, sprach ich laut „Eva, ich liebe und akzeptiere dich genau so, wie du bist."

Am Anfang fiel es mir sehr schwer diese Worte laut auszusprechen, da mir Selbstliebe und Akzeptanz meiner Selbst fremd waren. Aber ich wollte ja etwas ändern in meinem Leben und ließ mich darauf ein. Es ging jeden Tag besser.

Affirmationen sind positive Glaubenssätze, die uns motivieren und inspirieren - und unser Unterbewusstsein neu programmieren. Man könnte auch sagen, eine Affirmation ist die universelle Wahrheit. Wahrheit gilt dann als universell, wenn sie zu allen Zeiten und an allen Orten logisch gültig ist. Da wir immer und überall eins sind mit dem Universum / Gott / Schöpfer, oder wie immer du es nennen möchtest, ist die obengenannte Affirmation meine Wahrheit und ich gebe ihr somit Gültigkeit.

Da wir uns nicht auf zwei Gedanken gleichzeitig konzentrieren können, nutzte mein Gehirn diesen positiven Ansatz, um meine destruktiven Gedanken zu vertreiben. Ich machte nun meine

Bedürfnisse zu meiner Priorität und fing an mich zu ändern. Die ganze Kraft, die ich vorher dafür aufgewandt hatte, unsere Beziehung zusammenzuhalten, nutzte ich jetzt, um mich selbst glücklich zu machen. Ich ging zum Yogakurs, machte autogenes Training, fing an zu joggen und besuchte weitere Abendkurse.

Das liest sich jetzt alles sehr leicht, aber das war es nicht. Da ich jetzt keinen Freund mehr hatte, meldete meine Mutter verstärkt Anspruch auf Aufmerksamkeit an. Ich musste jeden Tag aufpassen, nicht in das alte Muster zu verfallen und meine Bedürfnisse wieder hintanzustellen.

Das erforderte von mir Konsequenz und das Setzen von Grenzen – zwei Wörter, die mir Angst machten. Komischerweise fiel es mir bei meiner Mutter leichter, mich durchzusetzen, wahrscheinlich weil ich wusste, dass mir ihre Mutterliebe immer erhalten blieb.

Den ersten Rückfall in mein altes Verhaltensmuster hatte ich, als ich in einer neuen Beziehung war. Ich fühlte mich wieder für alles zuständig und übernahm die Rolle der Versorgerin. Doch nun kannte ich das Buch und wusste auch genau, dass Gebrauchtwerden mein Antreiber war. So konnte ich rechtzeitig mein Verhalten in kleinen Schritten ändern und meine Bedürfnisse wieder in den Vordergrund stellen.

Die Menschen um mich herum wollten natürlich nicht, dass ich mich veränderte. Ich brauchte einen starken Willen, um aus den alten Mustern herauszukommen. Die Kraft dafür erhielt ich durch tägliche Meditation und durch Beten. Ich begann, meine Spiritualität, die mir schon als Kind geholfen hatte, als Kraftquelle zu nutzen und lernte, die Führung und Kontrolle abzugeben an eine höhere Kraft. So konnte ich die Verantwortung loslassen, die so schwer auf mir gelastet hatte. Es war nicht mehr wichtig, dass geschah, was ich unbedingt wollte, denn es gab nun jemanden, der alles sehr viel besser lenkte als ich. Und dessen Willen konnte ich folgen. Im katholischen Glauben ist das äquivalent zu: „Nicht mein Wille, sondern der deine geschehe."

Die Schulzeit und Beruf (1967-2020)

Wer nichts weiß, muss alles glauben

Marie von Ebner-Eschenbach

An meinem ersten Schultag traf ich Rosalie. Wir wurden beste Freundinnen und waren unzertrennlich. Jeden Tag, wenn wir mit den Hausaufgaben fertig waren, spielten wir zusammen. Wir waren dabei sehr kreativ. Rosalies Mutter war Schneiderin und hatte viele Modekataloge, die wir zerschnippeln konnten.

Wir wählten verschiedene Kleider und Köpfe aus den Katalogen aus und klebten sie zu einer neuen Person zusammen. In einem alten Schrank statteten wir die unteren Schrankteile mit kleinen Plastikmöbeln aus und spielten Rollenspiele aus dem Familienleben. Wir konnten so viele neue Personen kreieren, wie wir wollten, was uns natürlich mehr Möglichkeiten zum Spielen gab als mit unseren echten Puppen, die immer gleich aussahen. Wir liebten es, unsere Kreativität auszuleben, ohne dass wir gesagt bekamen, wie wir es zu tun hatten. Wie einfach das Leben doch war in den sechziger Jahren.

Ich ging gerne zur Schule und war sehr wissbegierig. Unsere Lehrerin war warmherzig und ermunterte uns zu lernen. Obwohl ich Linkshänderin war, pochte meine Familie darauf, dass ich mit rechts schrieb. Meine Schrift sah ungelenk und krakelig aus, weil die Feinmotorik in der rechten Hand nicht wirklich vorhanden war. Mein Vater verlor sehr oft die Geduld mit mir, riss mir die geschriebenen Seiten aus dem Heft und bestand unnachgiebig darauf, dass ich alles neu schrieb. In dieser Zeit hatte ich ständig das Gefühl, dass nicht nur meine Schrift, sondern auch ich selbst nicht gut genug war. Das vermeintliche Lob meines Vaters „Siehst du, du kannst es doch, wenn du nur willst" hat mich noch kleiner gemacht, denn er unterstellte mir damit, dass ich vorsätzlich schlecht schreiben würde.

In der fünften Klasse wurde es noch extremer. Unser Lehrer kontrollierte die Hausaufgaben täglich und bewertete nicht nur den Inhalt, sondern auch die Schrift. Ich konnte nicht mehr zählen, wie oft das Wort „Schrift" unter meinen Aufsätzen stand. Dann musste ich die Hausaufgaben vom Vortag wiederholen sowie die neuen Hausaufgaben schreiben. Wenn ich am nächsten Tag in die Schule kam, hatte ich Angst schon wieder das Wort ‚Schrift' lesen zu müssen. Ich fand, dass ich terrorisiert wurde, und hasste das Schreiben mit der rechten Hand, aber meine Familie kannte kein Pardon, im Gegenteil sie fand, dass sie das Richtige tat.

Eines Nachmittags saß meine Oma vor unserem Haus in ihrem Sessel. Jeder der vorbeikam, hielt ein Schwätzchen. Ich saß bei ihr und sie zeigte mir, wie ich einen Kissenüberzug mit einem Muster besticken sollte. Ich war ca. 11 Jahre alt.

Sie sagte zu mir: „Ach Eva, ich gebe dir hundert D-Mark, wenn du mit deiner rechten Hand stickst."

Eine Nachbarin kam vorbei und fragte mich, ob es mir in der Schule gefallen würde.

Ich sagte nur schüchtern „Ja."

Meine Oma seufzte und sagte, „Sie hat überhaupt keine Probleme in der Schule, wenn ihre Schrift nur nicht so schlecht wäre. "

„Ach, Gretchen", sagte die Nachbarin und benutzte den Kosenamen meiner Oma, „wenn es nichts Schlimmeres ist. Mit der rechten Hand zu schreiben ist nicht so wichtig, lass sie doch mit links schreiben."

Meine Oma schüttelte nur kurz den Kopf, um deutlich zu machen, dass sie nicht überzeugt war. Ich hatte das Gefühl, dass andere, mir fremde Menschen, mich besser verstanden als meine Familie, aber ich traute mich nicht, etwas anderes als das Gewünschte zu tun. Anstatt zu rebellieren und einfach so zu schreiben, wie ich wollte, passte ich mich an die Umstände an. Zu groß war meine Angst nicht mehr geliebt zu werden und meine Familie zu enttäuschen. Trotz allem liebte ich meine Oma abgöttisch.

Als es in der vierten Klasse darum ging, welche weiterführende Schule wir besuchen sollten, hatten Rosalie und ich beschlossen, dass wir zusammen zum Mädchengymnasium wechseln würden. Wir hatten die gleichen Noten und freuten uns schon darauf, zusammen in die Stadt zu fahren.

Als der Elternabend nahte, waren mein Vater und meine Mutter stationär im Krankenhaus und ich alleine mit meiner Oma zu Hause. Sie vertrat meine Eltern in der Schule und als sie nach Hause kam, sagte sie mir, dass der Lehrer mir eine Empfehlung für die Hauptschule ausgesprochen hätte und ich danach eine kaufmännische Schule besuchen könnte. Ich fing an zu weinen, weil ich doch mit meiner allerbesten Freundin zusammenbleiben wollte und fühlte mich tief im Herzen nicht wertgeschätzt. Ich wollte lernen und gute Schulnoten nach Hause bringen. Warum verstand das keiner in meiner Familie?

Meine Oma beschwichtigte mich in einem ermahnenden Ton: „Wir können uns das Gymnasium sowieso nicht leisten. Die Fahrkarte in die Stadt ist schon viel zu teuer, da sind die Bücher noch nicht mitgezählt. Außerdem: Was ist, wenn du das Gymnasium nicht schaffst und jeder im Dorf dich auslacht? Nein, nein, Schuster bleib bei deinen Leisten. Höhere Schule ist nicht für uns, da gehen die besseren Leute hin. Du wirst sowieso heiraten und Kinder bekommen".

Ich fühlte mich zurückgewiesen und in die zweite Reihe des Lebens geschubst. Es kam also nicht darauf an, was ich konnte, sondern, dass meine Eltern nicht genug Geld hatten, um mich zu fördern. Es hatte mich innerlich sehr getroffen, dass mein Lehrer nicht versucht hatte mir zu helfen, die höhere Schule zu besuchen, sondern diesen gesellschaftlichen Vertrag, dass Kinder von Arbeitern bitte im selben Umfeld bleiben sollten, mitgetragen hat.

Die Entscheidung war gefallen und ich konnte es nicht ändern. Ich wechselte zur Hauptschule. In der 6. Klasse hatten wir dann das erste Mal Englisch als Hauptfach. Es machte mir unglaublich viel Spaß, diese neue Sprache und auch eine neue Kultur kennenzulernen, und ab diesem Zeitpunkt wusste ich, dass Englischlernen mir das Tor zur Welt öffnen würde.

Nach der neunten Klasse schloss ich die Hauptschule ab. Eigentlich wäre ich gerne Krankenschwester geworden, aber das hätte bedeutet, dass ich noch drei weitere Jahre mit Schule hätte überbrücken müssen, um dann mit 18 Jahren als Krankenschwester ausgebildet zu werden. Darauf hatte ich keinen ‚Bock'. Die Pubertät ließ grüßen.

Mein Vater wollte mich in die Fabrik zum Arbeiten schicken. Das Geld war knapp in unserem Haushalt und so hätte ich etwas zum Haushalt beisteuern sollen. Ich wollte das nicht und ich wehrte mich heftig. Zum Glück hatte ich in meinem Patenonkel einen Fürsprecher gefunden, der mich in meinem Wunsch, eine Ausbildung zu machen, unterstützte. Ich nahm am Aufnahmetest für die Ausbildung zum Industriekaufmann teil und bestand. Nun hatte ich die Hoffnung, dass ich ein Leben unabhängig von meinen Eltern führen konnte.

Alle Auszubildenden wurden in den verschiedenen administrativen Abteilungen eingesetzt. Die Arbeit machte mir Spaß und ich war hoch motiviert. Ich erhielt Lob und bekam mit der Zeit Aufgaben, an denen ich eigenständig arbeiten konnte. Ich war stolz, dass mir die Kollegen so viel Vertrauen entgegenbrachten.

Nach drei Jahren Ausbildung wurde ich von der Firma in ein festes Arbeitsverhältnis übernommen. Ich arbeitete als Assistentin in der Abteilung Controlling. Gleich am ersten Tag sagte mir mein Chef, dass er voll und ganz hinter mir stehe. Wenn ich merken würde, dass ein Betriebsablauf nicht effizient genug wäre, könnte ich es direkt mit dem zuständigen Abteilungsleiter klären, ohne Rücksprache mit ihm halten zu müssen. Ich war dankbar für diesen großen Vertrauensbeweis, aber ich hätte mit meinen unerfahrenen achtzehn Jahren niemals ohne das Einverständnis meines Chefs gehandelt. Dafür war ich viel zu schüchtern und zu unerfahren.

Während ich mich im Controlling einarbeitete, besuchte ich zusätzlich die Abendschule, um eine Prüfung zur staatlich geprüften Sekretärin abzulegen. Alle Fächer konnte ich gut bis sehr gut abschließen, außer Stenografie. Es wurde verlangt, dass man mindestens 150 Silben schnell schreiben konnte. Da ich aber nur mit rechts schreiben konnte, verkrampfte meine Hand und ich schaffte nicht mehr als 140 Silben. Schnell hatte ich einen Schuldigen gefunden: meine Eltern, weil sie so altmodisch waren und darauf bestanden hatten, dass ich mit rechts schreiben musste. Ich fraß meinen Groll in mich hinein und konnte meinen Eltern nicht verzeihen.

Nach drei Jahren im Controlling wechselte ich meine Arbeitsstelle und arbeitete nun bei einer Dienststelle des öffentlichen Dienstes. Durch diesen Wechsel hatte ich Arbeitsplatzsicherheit und verdiente auch mehr. Ich hatte verschiedene Jobs in der Behörde und konnte mein Wissen erweitern. Aber mein Wunsch, international zu arbeiten, wurde immer größer. Ich wusste, dass ich mein Englisch verbessern musste, wenn ich einen internationalen Posten wollte, und schrieb mich bei der IHK zu einem Abendkurs Fremdsprachenkorrespondent – Englisch ein. Der Kurs fand zweimal die Woche abends nach der Arbeit statt und bot mir somit auch Ablenkung von meiner gescheiterten Beziehung mit Hajo.

Ich war hoch motiviert diesen Kurs gut zu Ende zu bringen, denn das Ausland lockte mich. Die Lehrerinnen waren Muttersprachler aus England und Amerika und hatten eine direktere Art Englisch zu lehren als die deutschen Lehrer, die ich kannte. Das Sprechen war genauso wichtig wie die Grammatik und das war neu für mich. Nach einem Jahr bestand ich die Prüfung. Ich fühlte mich wie eine Königin und spürte diesen Wind des Neuen um meine Nase wehen.

Ich bewarb mich auf ausgeschriebene Stellen bei einigen Luxemburger Banken, hatte Vorstellungsgespräche, bekam

Zusagen und sagte wieder ab, weil ich ein schlechtes Gewissen hatte, meine Mutter alleine zu lassen, da sie doch krank war. Mein Umfeld zu Hause unterstrich meine Zweifel natürlich. Von Verwandten und Nachbarn wurde mir immer die Frage gestellt, „Und wenn du in Luxemburg arbeitest und etwas passiert mit deiner Mutter, wie willst du dann sicherstellen, dass du dich um sie kümmern kannst?"

Das Ganze frustrierte mich, weil ich keinen Ausweg sah – und doch konnte und wollte ich mein Ziel, international zu arbeiten, nicht aufgeben.

Die Ausschreibungsplakate für Stellen im Ausland hingen normalerweise am Schwarzen Brett, wenn der zuständige Beamte es nicht „vergaß". Ich fand heraus, dass er nicht alle Stellenausschreibungen öffentlich machte, und fragte direkt bei ihm nach. Er entschuldigte sich und rechtfertigte sich mit den Worten: „Wissen Sie, wenn alle sich immer wieder weg bewerben auf lukrativere Posten, dann geht in unserer Dienststelle das Wissen verloren und wir müssen neue Kräfte ausbilden."

Ich wollte nicht vom Wohlwollen dieses Beamten abhängig sein und bewarb mich auf eine Stelle, die von der Bundesbehörde ausgeschrieben war, und von der ich wusste, dass ich nicht die nötige Qualifikation hatte. Die Antwort folgte prompt. Ich erhielt einen Anruf vom zuständigen Sachbearbeiter.

„Frau Edlinger, so geht das nicht. Sie können sich nicht auf eine Stelle bewerben, die Ihrem Profil nicht entspricht. Wenn Sie daran interessiert sind, international zu arbeiten, dann senden wir Ihnen gerne die Richtlinien zu."

Ich bedankte mich höflich und wusste, dass ich meinem Ziel wieder ein Stückchen nähergekommen war. Mittlerweile war eine Stelle in Wien beim Militärattaché ausgeschrieben. Ich bewarb mich, wurde zu einem Test eingeladen und fiel grandios im Schreibmaschinenschreiben durch. Für mich brach eine Welt zusammen. Die Tränen liefen mir nur so übers Gesicht. Ich saß im Bahnhofsrestaurant in Köln und konnte meine Tränen gar nicht stoppen. Meine innere Stimme kritisierte mich dafür, dass ich durchgefallen war, „Das wird nie klappen mit deiner Auslandsverwendung", wiederholte sie immer wieder. „Du schaffst es einfach nicht. Vielleicht musst du doch heiraten und Kinder bekommen."

Ich brachte mir die Worte meiner Oma in Erinnerung, die immer, wenn etwas nicht gut verlief, sagte: „Eva, wer weiß, wofür es gut ist", aber dieses Mal konnten auch sie mich nicht trösten.

Meine Mutter war mittlerweile wieder im Krankenhaus. Dieses Mal mit Verdacht auf Schilddrüsenkrebs. Genau zu diesem Zeitpunkt erhielt ich eine Anfrage von der Bundesbehörde, ob ich Interesse an einer Stelle in einem internationalen Flugzeugprojekt in Nürnberg hätte. Mein Herz überschlug sich. Natürlich hatte ich Interesse, aber was würde mit meiner Mutter sein? Was, wenn der Krebs bösartig war und sie Chemo brauchte und weitere Betreuung? Ich konnte sie unmöglich alleine lassen. Mein Herz weinte, als ich dem Herrn absagte. Er konnte meine Beweggründe verstehen, wünschte mir Glück und meiner Mutter gute Genesung.

Ich konnte es nicht glauben, dass ich diese Gelegenheit wieder sausen ließ. Mittlerweile war ich 27 Jahre alt und wollte endlich hinaus in die Welt! Ich fasste den Entschluss, dass ich bei dem nächsten Stellenangebot zusagen würde – komme, was da wolle.

Und das Angebot kam! Der nette Herr von der Bundesbehörde rief wieder an, fragte kurz nach, wie es meiner Mutter ging, und teilte mir mit, dass es eine weitere freie Stelle in Nürnberg gab und ich mich bewerben sollte, wenn ich noch immer Interesse hätte. Ich war so glücklich, dass ich vor Freude hin und her hüpfte, und konnte es gar nicht glauben, dass diese Gelegenheit trotz aller Widrigkeiten wieder zu mir kam.

Es war gut, dass ich beim Schreibmaschinentest durchgefallen war, denn der Job in Nürnberg war eine viel bessere Option. Nur wie sollte ich das jetzt meiner Mutter beibringen? Mir drehte sich der Magen und ich hatte Angst vor ihrer Reaktion. In meinem Kopf blitzten die schlimmsten Gedanken auf und machten mich nervös. Ich sprach mir selbst Mut zu: „Eva, du willst nach Nürnberg, also steh dazu."

Als ich nach Hause kam, gestand ich meiner Mutter, dass ich ein neues Jobangebot aus Nürnberg hatte und dass ich mich bewerben würde. Ich wartete angespannt auf ihre Reaktion, doch alles, was sie sagte, war: „Wenn du denkst, dass du das tun musst, dann mache es."

Ich wusste gar nicht, was ich sagen sollte. Die ganze Zeit hatte ich mir Gedanken darüber gemacht, wie sie reagieren würde, und dann das! Sie stimmte einfach so zu, ohne Drama. Dann dachte ich nur noch: „Warum, Eva, warum hast du das nicht schon früher gemacht?" Es zeigte mir wieder einmal, wie wichtig es ist, offen miteinander zu sprechen, selbst wenn Konflikte drohen, anstatt alle möglichen Szenarien nur im Kopf mit sich selbst durchzuspielen.

Ich schickte meine Bewerbungsunterlagen nach Nürnberg, wurde zum Vorstellungsgespräch eingeladen und bekam die Stelle. Der Traum des elfjährigen Mädchens hatte sich also erfüllt.

Ich arbeitete mit Menschen aus drei weiteren Nationen zusammen. Die Amtssprache war Englisch. Ich war hochmotiviert und überglücklich. Innerhalb der Agentur hatte ich die Möglichkeit, mich auf andere Posten zu bewerben, was ich auch tat, und wechselte nach dreieinhalb Jahren vom technischen Bereich in die Vertragsabteilung. Meine Karriere lief gut, Nürnberg war eine tolle Stadt, meine Tochter wurde geboren und ich genoss mein Leben.

Meine Mutter lebte mittlerweile im Pflegeheim. Ich schlug ihr vor, dass sie nach Nürnberg kommen sollte. In der Nähe meines Wohnortes konnte ich einen Pflegeplatz für sie organisieren. Leider fühlte sie sich in Nürnberg nicht so wohl. Ihr fehlte der Besuch der Nachbarn und Freundinnen aus ihrem Heimatort. Sie gab sich Mühe sich einzugewöhnen und fand auch eine Freundin.

Da mein Vertrag bei der Agentur befristet war, bewarb ich mich nach ein paar Jahren zu einer internationalen Behörde nach Brüssel. Nach den nötigen Prüfungen und einer längeren Wartezeit wurde ich zum Vorstellungsgespräch eingeladen und mir wurde eine Stelle angeboten.

Und da waren sie wieder meine Zweifel. Konnte ich meiner Mutter zumuten, jetzt wieder in das Pflegeheim in ihrem Heimatort zurückzukehren, nachdem ich ihr schon zugemutet hatte, nach Nürnberg umzuziehen? Meine Freunde und Kollegen unterstützten mich darin, den Schritt zu wagen, denn ich hatte mein Leben mit 37 Jahren noch vor mir.

Ich nahm die Stelle an und es war der richtige Schritt. Es passte einfach alles. Ich fand ein Haus in Brüssel, Christiane bekam einen Platz in der Ferienbetreuung und meine Mutter konnte wieder ins Pflegeheim in ihren Heimatort umziehen.

Mein Wille, an meinem Traum festzuhalten, international zu arbeiten, hatte sich ausgezahlt. Ich lernte tolle Menschen kennen, neue Arbeitsmethoden und natürlich eine neue Sprache und Kultur.

Alles, wovon ich mit 11 Jahren träumte, hatte sich erfüllt.

Erkenntnisse

Obwohl die ersten Jahre in meiner schulischen Laufbahn nicht so einfach waren, habe ich auf lange Sicht doch meine Ambitionen durchgesetzt und mich nicht von meinen Träumen abbringen lassen.

Als Kind wusste ich noch nicht, dass ich meine ganze Zukunft in mir trug und ich mir nur erlauben musste, sie zu entfalten. Das wäre mir auch zu einfach vorgekommen, denn mein Verständnis war, dass ich hart arbeiten musste, wollte ich etwas im Leben erreichen.

Das Schreiben mit rechts war das erste Trauma meines Lebens. Meine Familie verstand nicht, dass ich einfach nicht mit rechts schreiben konnte, weil mir die Feinmotorik dafür fehlte, und nicht, weil ich sie ärgern wollte. Linkshändig zu sein war ein Teil von mir, den ich nicht ändern konnte.

Der Satz „Du kannst es doch, wenn du nur willst", vermittelte mir, dass meine Bedürfnisse keine Rolle spielten, sondern dass ich mich nur genügend anstrengen musste, um ins System zu passen. Es war mir offensichtlich wichtiger, den Wünschen meiner Familie zu genügen, als meine eigenen Bedürfnisse auszuleben, denn sonst hätte ich einfach den Füller in meine linke Hand genommen und weitergeschrieben.

Meine Schrift und meine Seele litten sehr unter dieser Härte. Ich kam mir vor wie ein dressierter Hund, der ein Leckerli bekommt, wenn er das Stöckchen bringt - nur dass in meinem Fall das Leckerli ausblieb.

Das Gefühl nicht auszureichen hat mich ein Leben lang begleitet. Zu tief hatten sich meine sogenannten Unzulänglichkeiten in mein Sein eingegraben. Ich sah es als ein Manko an, dass ich kein Abitur und kein Studium absolviert hatte und überlegte mir deshalb immer zweimal, ob ich mich auf einen Job bewerben sollte oder nicht, ob ich gut genug wäre, den Job auszufüllen, etc. Die Zweifel waren immer da, aber meine Neugierde überwog und ließ mich die Zweifel zur Seite schieben.

Heute schaue ich auf ein erfülltes Berufsleben zurück und möchte keine Sekunde davon missen. Auch wenn dieses Leben weder von meiner Familie noch von der Gesellschaft für mich so vorgesehen war, habe ich mich Schritt für Schritt meinem Traum genähert. Ich machte tolle Erfahrungen, habe enorm viel gelernt und mich weiterentwickelt, hatte nette Kollegen und tolle Chefs. Mein Berufsleben hat mein Leben bereichert, auch ohne Universitätsabschluss. Ich kann dich nur dazu ermutigen, deinen eigenen Traum zu leben und nie aufzugeben. Es lohnt sich.

Der abwesende Vater (1989-1991)

Sorge dich nicht,

nichts ist zu schwer für den der liebt!

Cicero

Da stand sie vor mir, die Kiste mit den Briefen von Christianes Vater Jens. Sie wurden geschrieben zur Zeit des Mauerfalls 1989 und fristeten seitdem ein einsames Dasein auf meinem Dachboden. Warum hatte ich sie überhaupt aufgehoben, wenn ich sie nicht lese? Damals dachte ich, ich gebe sie weiter an Christiane, wenn sie alt genug ist, aber das hielt ich dann doch für keine gute Idee.

Als ich die Kiste öffnete und die kleinen Liebeskärtchen in die Hand nahm, fiel es mir wie Schuppen von den Augen. Ich hatte die Briefe behalten, damit ich der Welt beweisen konnte, dass Christianes Vater mich liebte. In den Briefen steht es schwarz auf weiß und somit kann niemand behaupten, dass ich nur eine Geliebte war. Eine, mit der man sich ab und zu vergnügt und die man dann fallen lässt, wenn es zu umständlich wird. Ein schöner Gedanke, aber letztendlich war ich doch nur die Geliebte.

Die Frau, die aufgeschlossen, angenehm offen und zielbewusst war. Die Frau, mit der man gut über seine Probleme sprechen konnte, und die auf keinen Fall jemand war, mit der man spielte. Die Frau, die ihn auf allen Ebenen glücklich machte, und nach der er sich so sehnte und verzehrte, wenn sie nicht da war. Diese Worte von Jens haben mich damals sehr beeindruckt, da sie mein Ego kitzelten und ich mich wertgeschätzt fühlte. Endlich hatte ich einen Mann gefunden, der mir das Gefühl gab, mehr zu sein, als ich mir selbst vorstellen konnte.

Christianes Vater Jens war verheiratet und hatte zwei kleine Kinder, als wir uns kennenlernten. Wir verstanden uns von Anfang an sehr gut. Er war lustig und brachte mich zum Lachen. Wir unterhielten uns über die Arbeit, über Politik und unser Privatleben. Christianes Vater war in seinen jüngeren Jahren beim Roten Kreuz aktiv, was mir sehr gefiel. Ich mochte Menschen, die sich für andere einsetzten.

Verheiratete Männer waren nicht die Spezies von Mann, die ich mir als Freund bewusst aussuchte, aber Jens und ich kamen uns durch die vielen Gespräche sehr nahe. Es knisterte gehörig zwischen uns, auch wenn wir es zuerst nicht wahrhaben wollten, denn diese Liebe würde kompliziert werden. Die Umstände waren nicht zu unseren Gunsten.

Ab einem bestimmten Punkt konnten wir es nicht mehr verbergen und ließen unserer Liebe freien Lauf. Natürlich nur hinter verschlossenen Türen, denn es durfte ja niemand wissen, dass wir zusammen waren, da er ja verheiratet war. Die Schmetterlinge flogen rauf und runter in meinem Bauch. Es fühlte sich richtig gut an, wenn ich mit Jens zusammen war. Was konnte schon schlimm daran sein zu lieben? Alles fühlte sich richtig an. Liebe und Leidenschaft durchströmten meinen Körper in den Stunden seiner Anwesenheit, und wenn er zur Tür hinausging, vermisste ich ihn. Trotzdem hatte ich ein schlechtes Gewissen, mit einem verheirateten Mann zusammen zu sein, und es kamen mir immer wieder Zweifel, ob ich diese Belastungen haben wollte. Ich wollte nicht als diejenige gesehen werden, die eine Ehe kaputt gemacht hatte, wenngleich sie ja schon kaputt war.

Hinzu kam, dass wir uns nur ein paar Monate bevor ich mich nach Nürnberg beworben hatte, näher kennenlernten. Es hätte ungünstiger nicht sein können für uns beide. Sollte ich die Stelle in Nürnberg absagen für Jens? Ihm standen schwere Zeiten bevor, da er sich scheiden lassen wollte. Mein Magen drehte sich. Das war mir alles zu riskant. Ich kam mir schlecht und egoistisch vor, aber gleichzeitig wollte ich diese Stelle in

Nürnberg, die mir so viel bedeutete und für die ich so lange gearbeitet hatte.

Was, wenn Jens es sich anders überlegen und doch wieder mit seiner Frau zusammen sein wollte? Wir waren erst drei Monate fest zusammen. Unsere Beziehung war noch nicht gefestigt. Ich konnte das Risiko nicht eingehen, meinen Traum platzen zu lassen, und entschied mich, nach Nürnberg zu gehen. Jens war sehr enttäuscht, denn er hatte gehofft, dass ich für ihn da wäre und fühlte sich alleingelassen von mir.

Er gab mir zu verstehen, dass er sehr viel auf sich genommen hatte für unsere Beziehung, und ihm das gelungen sei, weil ich seine Energiequelle war. Wenn ich nur zu ihm stünde und unsere Liebe bejahen würde und auch so viel aufgeben würde wie er, dann könnte unserer Beziehung keiner etwas anhaben.

Ich war nicht bereit dazu, zu groß war meine Angst wieder die Dumme zu sein. Mein eigenes Leben wieder hinter das der anderen zu stellen und meine Bedürfnisse wie so oft zu leugnen. Wenn ich die Achtung vor mir selbst nicht verlieren wollte, musste ich nach Nürnberg gehen. Wir sprachen uns aus und Jens nahm meine Entscheidung an.

Zusammen fuhren wir nach Nürnberg und suchten eine Wohnung. Ich war sehr dankbar, dass er mir bei der Wohnungssuche und meinem Umzug half. Jens kam jedes

Wochenende nach Nürnberg und wir unternahmen tolle Sachen, gingen in Museen und Kunstausstellungen oder fuhren aufs Land. Natürlich wollten wir die Zeit genießen so gut es ging, aber wir konnten die Probleme, die es ja gab, nicht aussparen. Jens hatte seinen Kindern gegenüber ein schlechtes Gewissen und das belastete ihn sehr. Wenn Jens nach Hause fuhr, hoffte ich, dass er durchhielt, denn meine Gefühle hatten sich mittlerweile stabilisiert und ich liebte ihn aus tiefstem Herzen. Durch meinen Jobwechsel musste ich jetzt nichts mehr geheim halten und das war für mich sehr befreiend.

Ich hatte nie den Wunsch Kinder zu bekommen, doch mit Jens war es etwas anderes. Er war der erste Mann, mit dem ich mir überhaupt vorstellen konnte, Kinder zu haben. Bei meiner jährlichen gynäkologischen Untersuchung teilte mir mein Frauenarzt mit, dass ich ohne Hormonbehandlung keine Kinder bekommen könnte. Ich war so geschockt, dass ich den ganzen Abend nur heulte. Jens tröstete mich, obwohl ich glaubte, dass es ihn eher beruhigte, als dass er es als schade empfand.

Mir ließ das natürlich keine Ruhe und ich erinnerte mich an meine Mutter, die so viele Probleme hatte, Kinder zu bekommen, wenn auch mein Fall anders lag. Ich fühlte mich irgendwie als Versagerin. Das, was alle Frauen hinbekamen, nämlich ohne Probleme Kinder zu bekommen, war nicht vorgesehen für mich. Ich weiß nicht, wie viele Tage ich rumgeheult habe, aber irgendwann kamen keine Tränen mehr. Ich betete und flehte aus tiefstem Herzen, dass ich doch schwanger werden konnte.

Meine Gebete wurden erhört. Dass es dann so schnell ging, damit hatte ich allerdings nicht gerechnet. Ich ging sechs Wochen später zum Arzt, um mich nach einer Hormontherapie zu erkundigen, und siehe da, der Arzt war überrascht und konnte es sich nicht erklären, aber ich war schwanger. Meine Gefühle schlugen Purzelbaum. Ich fühlte eine Glückseligkeit in mir, die mir bestätigte, dass ich keine Versagerin war, sondern eine normale Frau. Ich fühlte mich komplett. Auf dem Weg zurück zum Büro hüpfte ich ein paar Mal, um meine überschüssige Energie in Freude auszudrücken. Am liebsten hätte ich ganz laut geschrien, aber es waren zu viele Menschen um mich herum.

Jens sagte mir, dass er sich sehr freue, obwohl er doch lieber noch gewartet hätte, aber auch, dass er es sich schon vorstellen könnte, mit mir und dem Kind zusammenzuleben. Allerdings hatte er Bedenken wegen seiner finanziellen Situation. Ich machte ihm Mut, denn ich hatte ja ein gutes Einkommen und wollte auf keinen Fall, dass seine Familie deswegen finanzielle Einschnitte hatte.

Wir sahen uns weiterhin an den Wochenenden. Ich merkte schon, dass es für Jens belastend war, dass ein Kind unterwegs war, denn er hatte ja schon zwei, aber meine Freude war so groß, dass ich nicht merkte, dass es in unserer Beziehung kriselte. Die Wochenenden waren einfach zu kurz, um die Probleme aus der Welt zu schaffen.

Irgendwann kamen dann die Entschuldigungen. Jens konnte nicht kommen, weil er Dienst hatte am Wochenende oder weil er zur Geburtstagsfeier seiner Patentante musste. Der absolute Tiefpunkt kam, als ich im fünften Monat schwanger war. Wir wollten eine Woche Urlaub machen in Bayern. Es war Freitagabend und kein Jens in Sicht, weder ein Anruf von ihm noch eine andere Nachricht. Mobiltelefone gab es noch nicht. Ich war also dazu verdonnert abzuwarten. Ich telefonierte ihn regelmäßig an, aber niemand hob ab.

Da ich nicht wusste, ob ihm etwas passiert war, rief ich in meiner Verzweiflung bei seinem Vater an, der mir dann genüsslich erzählte, dass Jens mit seiner Familie in Frankreich Urlaub machte. Der Satz fühlte sich an, als ob mir jemand ins Gesicht schlagen würde. Ich hatte alles erwartet, aber das nicht. Ich war doch Jens' Traumfrau und er wollte doch mit mir sein Leben verbringen. Wie doof und naiv war ich nur! Mein Herz tat weh vor Schmerz, aber mehr noch vom Ärger über mich selbst. Wie hatte es mir nicht auffallen können, dass Jens sich seiner Familie wieder angenähert hatte? Erinnerungen kamen hoch und alte Gefühle teilten sich mir mit. Die Geschichte mit Hajo kam mir wieder in den Sinn. Hatte ich denn wirklich nichts dazugelernt?

Mir fielen die Wochenenden ein, in denen Jens mir abgesagt hatte, und ich ihm seine Begründungen abgenommen hatte, ohne sie auch nur einmal zu hinterfragen. Wie einfältig ich war! Ich konnte es selbst nicht glauben, dass es mir immer wieder passierte. Und wie feige von Jens. Es kam mir vor, als würde ich ihn nicht kennen. Wieder hatte ich denselben Fehler gemacht wie bei Hajo. Ich hatte Jens auf ein Podest gestellt und ihn angehimmelt. Nichts hinterfragt, alles geglaubt, was er mir erzählte.

Eine Woche später meldete er sich bei mir. Er entschuldigte sich und erklärte mir, dass er verstünde, dass ich sauer wäre. Ich schlug vor, uns in meinem Heimatort zu treffen, um uns auszusprechen. Jens stimmte zu und wir trafen uns in meinem früheren Zuhause. Er traf ein und hatte sein Auto voll mit seinen Klamotten, die ihm seine Frau wohl nachgeworfen hatte, und wollte mit mir nach Nürnberg fahren, was ich aber nicht wollte.

Ich brauchte Klarheit und wollte nicht weiterleben in diesem Hin und Her, egal, wie weh es tat. Jens war erschrocken darüber, dass er mit seinen Ausreden nicht mehr weiterkam, und sagte vorwurfsvoll, dass ich nicht wertschätze, dass er sich jetzt dafür entschieden habe bei mir zu bleiben. Dann erklärte er mir, dass er abends noch eine Einladung hatte zu seiner Tante und dass er danach wiederkäme. Ich wusste genau, dass es nicht stimmte, aber mir war ein Ende mit Schrecken lieber als ein Schrecken ohne Ende.

Ich fuhr zurück nach Nürnberg in dem Bewusstsein, dass ich alleinerziehende Mutter sein würde, was allerdings die Freude über mein Baby nicht schmälerte. Von Jens hörte ich nichts mehr. Als Christiane im Dezember 1990 geboren wurde, rief Jens mich im Krankenhaus an, um mich zu beglückwünschen, und sagte, dass er plane mich zwischen Weihnachten und Silvester zu besuchen, was natürlich nicht passierte. Ich habe nie verstanden, warum er Versprechungen machte, die er nicht einhielt, denn sie waren nicht mehr nötig. Für mich war die Beziehung beendet.

Da ich alleinerziehend war, übernahm das Jugendamt die Anträge für die Vaterschaftsanerkennung und die

Unterhaltszahlungen von Christiane, worüber ich sehr froh war, denn ich hatte keinen Nerv, mich mit den rechtlichen Details auseinanderzusetzen. Ich bot Jens an, dass er Christiane jederzeit sehen konnte. Leider ging er nicht darauf ein und unser Kontakt beschränkte sich auf die Kommunikation bezüglich des Unterhalts.

Christiane war ein wahrer Wonneproppen. Sie hatte ein sonniges Gemüt und war ein freundliches Kind. Ich vergötterte sie. Sie gab mir Kraft, Freude und Selbstwertgefühl. Meine Rolle als Mutter füllte ich mit sehr viel Stolz aus.

Um wieder etwas Struktur in mein Gefühlsleben zu bekommen, besuchte ich ein 4-Wochen-Seminar im Gesundheitspark Nürnberg, das für Menschen, die gerade eine Trennung durchmachten, angeboten wurde. Eine Teilnehmerin hatte meine Geschichte aus der Sicht der Ehefrau erlebt. Ihr Ehemann hatte sie verlassen und ein Kind mit einer jüngeren Frau. Unsere Situationen spiegelten sich und wir beide lernten voneinander.

Sylvia schilderte, dass sie und ihr Mann eine klassische Ehe führten. Er verdiente das Geld und sie kümmerte sich um die Kinder, das Haus und die gesellschaftlichen Verpflichtungen. Der Familie ging es gut. Als die Kinder aus dem Haus gingen, hoffte Sylvia auf mehr gemeinsame Zeit mit ihrem Ehemann, auf Opernbesuche in der Arena von Verona oder einen Besuch in Paris, aber Ihr Ehemann vertröstete sie immer wieder. Sylvia arrangierte sich damit, denn sie war es gewohnt, dass der Beruf vor der Familie kam. Alles schien in Ordnung zu sein, bis ihr Ehemann ihr eines Abends verkündete, dass er eine Freundin habe, die schwanger von ihm war und er ausziehen würde. Sylvia verstand die Welt nicht mehr, denn für sie war ihre Ehe in Stein gemeißelt. Da ihr Ehemann als junger Vater sich ganz auf die Karriere konzentrierte und er für seine drei Kinder nur wenig Zeit hatte und sie deswegen nur bedingt aufwachsen sah, wollte er noch einmal neu anfangen und diese Seite des Lebens kennenlernen.

Sylvia war sehr verletzt und es fiel ihr schwer, eigene Fehler zu erkennen, denn der Stachel des Schmerzes saß zu tief in ihrem Herzen. Während des Seminars tauchten dann immer wieder Aha-Momente auf, die ihr neue Einsichten brachten. Sie hatte ihr ganzes Leben auf das Wohl ihrer Familie ausgerichtet und sich selber und ihre eigenen Bedürfnisse vernachlässigt. Anstatt zu warten, bis ihr Ehemann Zeit für sie hatte, hätte sie ihr eigenes Leben leben können. Sie kam nicht auf die Idee, sich ihre Wünsche ohne ihren Ehemann zu erfüllen – und das war ihr eigentlicher Betrug.

Sie hatte die Verantwortung für ihr eigenes Glück nicht übernommen, sondern es davon abhängig gemacht hat, ob Ihr Ehemann Zeit und Lust hatte, etwas mit ihr zu unternehmen. Wir beide hatten den gleichen Fehler gemacht. Die Bedürfnisse der Familie und des Partners über die eigenen gestellt und daraus unseren Selbstwert und unser Glück definiert. Als dieser Pfeiler wegbrach, standen wir beide mit leeren Händen da.

Ich frage dich jetzt und ich hoffe, du bist bereit für eine ehrliche Antwort:

„Wie oft hörst du auf dein Herz, wenn du Wünsche hast und erfüllst sie dir? Wie oft gibst du aus Bequemlichkeit nach, weil du darauf wartest, dass dein Partner dich glücklich macht oder dir deine Wünsche erfüllt, statt selbst für dein Glück zu sorgen?"

Ich nahm mir vor, mein Leben in meine Hände zu nehmen, meinen Wünschen und Bedürfnissen Raum zu geben und zuzulassen, dass meine Bedürfnisse genauso wichtig waren, wie die der Anderen.

Die Gemeindeschwester unserer Kirchengemeinde kam auf mich zu und fragte, ob ich mir vorstellen könnte, eine Gruppe für Alleinerziehende ins Leben zu rufen, damit wir uns gegenseitig unterstützen und austauschen könnten. Ich sagte zu und organisierte auch gleich die erste Zusammenkunft mit Kinderbetreuung in den Räumen der Kirchengemeinde.

Wir lernten uns kennen und hatten einen offenen Austausch. Insgesamt waren wir nur fünf Frauen, aber das machte nichts, sondern half eher dabei uns besser kennenzulernen. Es freute mich, dass alle Frauen sehr ehrlich waren mit ihren Geschichten, auch wenn es nicht einfach war darüber zu sprechen. Manche Verletzungen waren einfach zu präsent. Nach dem Treffen blieb ich in Kontakt mit allen, aber leider kam der Austausch zwischen den anderen Frauen nicht richtig in Gang.

Beim zweiten Treffen erklärte sich die Rechtsexpertin der Diözese bereit, den Frauen die Rechtslage zu erklären und welche Hilfen sie in Anspruch nehmen konnten. Dieses Mal war unsere Gruppe auf zehn Frauen angewachsen. Es gab wieder Kinderbetreuung, sodass wir ungestört zuhören konnten.

Ich war zufrieden mit mir, dass sich die Frauen von meinem Programm angesprochen fühlten. Und hier war er wieder, der Fehler. Ich fühlte mich zuständig, die Treffen für die anderen Frauen zu organisieren, anstatt alle mit einzubinden. Ich bereitete den Raum vor, gestaltete das Programm, backte Kuchen usw., obwohl ich selbst genug um die Ohren hatte.

Dabei hätte ich diese Aufgaben delegieren müssen, damit jede Frau sich nach ihrem Willen hätte einbringen können und gefühlt hätte, dass es auch ihre Gruppe war.

Das Interesse an der Gruppe wurde zunehmend geringer. Dazu kam, dass es Reibung zwischen manchen Teilnehmerinnen gab. Ich konnte die alleinerziehenden Frauen damals nicht zu einer homogenen Gruppe formen, die sich auf gegenseitige Hilfe verlassen konnten. Rückblickend sehe ich, dass ich mich unentbehrlich gemacht und den Frauen die Verantwortung, aktiv in der Gruppe mitzuarbeiten, abgenommen habe, auch weil ich selber keine Hilfe annehmen konnte. Ein Phänomen, das weit verbreitet ist bei vielen alleinerziehenden Müttern.

Erkenntnisse

Als ich Jens Briefe jetzt nach dreißig Jahren wieder las, fiel mir auf, wie sehr ich mich immer noch von meinen in der Kindheit erlernten Mustern leiten ließ. Durch seine Wortwahl in den Briefen fühlte ich mich sofort wieder geschmeichelt und wertvoll. Der Kurs der Währung Wertschätzung gab mir gleich wieder ein positives Gefühl.

Damals als wir zusammen waren, haben mich seine Worte darin bestärkt zu glauben, dass ich für Jens der wichtigste und begehrteste Mensch in seinem Leben war. Ich war stolz, ihm solche guten Gefühle bescheren zu können. Es trieb mich an, weiterzumachen. Ich merkte nicht, dass ich meine Bedürfnisse wieder hintanstellte und mir die Gefühlslage des anderen Menschen wichtiger war als ich selbst. Ja, ich wollte mehr von diesen Gefühlen, die mir bestätigten, begehrenswert, liebenswert und sexy zu sein. Es war wie eine Sucht. Ich tat alles, um Jens zu betören. Er sollte mich vermissen, wenn ich nicht da war. Denn seine Sehnsucht nach mir gab mir Erfüllung und Befriedigung. Ich ignorierte, dass ich eigentlich keine Beziehung mit einem verheirateten Mann haben wollte, dass ich Jens Kindern nicht den Vater nehmen wollte, dass ich keine Beziehung haben wollte, in der ich den Problemen nicht gewachsen war. Was meinem Ego Nahrung gab, war, dass dieser Mann mir das Gefühl gab, dass er mich brauchte. Er brauchte mich, um glücklich zu sein, ja, um ein erfülltes Leben zu führen, denn er wollte nicht mehr ohne mich leben. Erst heute verstehe ich, dass ich eine Co-Abhängigkeit entwickelt hatte zu Jens. Diese Co-Abhängigkeit war nicht ganz so extrem wie bei Hajo, aber doch noch sehr ausgeprägt.

Es war schwer für mich zu akzeptieren, dass Jens keinen Kontakt mit Christiane haben wollte, denn die Kleine konnte ja nichts dafür. Es nagte an mir, dass Christiane nicht wusste, wer ihr Vater war. Ich hatte ein Passfoto von Jens und hob es auf, um es später an sie weiterzugeben.

Meine Persönlichkeitsentwicklung setzte ich damals in den Neunzigern weiterhin fort, indem ich mich mit Meditation und Yoga beschäftigte. Das waren Werkzeuge, die ich einfach in meinen Tagesablauf einbinden konnte, die mich in meine Mitte und die mir neue Seelenerkenntnisse brachten.

Erst viel später, als ich eine Familienaufstellung zu dem Thema „Kontakt von Jens mit Christiane" machte, habe ich begriffen, dass Jens es nicht konnte. Diese Familienaufstellung half mir dabei, Jens loszulassen und zu vergeben, dankbar zu sein für die Zeit, die wir zusammen waren, und für das größte Geschenk, das er mir gegeben hatte: Er hatte mich zur Mutter gemacht und mir meine Tochter Christiane geschenkt, deren Geburt für mich ein wahrer Segen war.

Nachdem ich mit der Beziehung zu Jens abgeschlossen hatte, machte ich mich auf meine spirituelle Suche und probierte viele verschiedene Methoden und Techniken, die mich wachsen ließen und mich meiner Kreativität und der Schöpferkraft näherbrachten.

Heute lebe ich meine Spiritualität in ganzer Fülle und teile meine Erfahrungen mit anderen Menschen.

Teil 2

Was ist ein spiritueller Weg?

Beginne im Inneren

Iyanla Vanzant

Während ich im ersten Teil des Buches meine persönliche Geschichte erzählte, möchte ich dir in Teil 2 verschiedene Methoden, Techniken und Gedanken vorstellen, die mich auf meiner spirituellen Suche begleiteten. Ich würde mir sehr wünschen, dass sie für dich Ansporn sind, dich auf deinen ganz individuellen spirituellen Weg zu begeben und innerlich zu wachsen.

Aber was versteht man unter einem spirituellen Weg?

Ein spiritueller Weg ist der Weg, der uns näher zu uns selbst und zu Gott bringt. Auch hier meine ich natürlich den Gott so, wie du ihn verstehst. Der Weg hin zu Gott ist für jeden Menschen unterschiedlich und einzigartig, weil jeder von uns einzigartig ist. Wenn wir das anerkannt haben, gehen wir den Weg der Bewusstseinsentwicklung, der für uns, als Individuum, der richtige ist. Niemand anderes kann diesen Weg für uns beschreiten.

Der spirituelle Weg lehrt uns Wissen anzueignen, dieses Wissen zu teilen und dadurch zu tieferer Erkenntnis zu kommen.

Für mich hieß das zuerst einmal, aus meiner Unsicherheit herauszukommen und die ersten Schritte zu wagen. Bis zu meiner Pubertät war es die römisch-katholische Religion, die mich prägte. Ein Glaube, der geprägt war von Regeln, die nicht verhandelbar waren, und erst nach deren Erfüllung hatte ich ein Anrecht auf Glück im Paradies.

Im Teenageralter hörte ich auf in die Kirche zu gehen, und als die Beziehung mit Hajo in die Brüche ging, suchte ich andere Ausdrucksmöglichkeiten meines Glaubens. Durch Meditation lernte ich in mein Inneres zu horchen und herauszufinden, was ich überhaupt vom Leben erwartete und wie ich es umsetzen könnte.

Meine Seele ließ mich wissen, dass mein Freiheitsdrang und meine Wissbegierde nie untergraben werden können. Mein Wille, Neues zu lernen und dadurch Freiheit und vor allem finanzielle Unabhängigkeit zu erreichen, musste gelebt werden, wenn ich glücklich sein wollte.

Das fühlte sich gut an für mich und war die Richtschnur, an der sich mein Leben von nun an orientierte. Ich las Lebensratgeber von Josef Kirschner wie „Die Kunst ein Egoist zu sein" oder „Manipulieren, aber richtig". Mit meinen 23 Jahren waren die Titel der Bücher schon eine Herausforderung für mich, denn egoistisch zu sein oder zu manipulieren, war bei mir negativ besetzt, während Kirschner das Positive hervorhob. Die Bücher halfen mir definitiv, aus meiner Passivität herauszukommen und mein Leben aktiv zu gestalten.

Ich lernte, dass es Klarheit in Beziehungen bringt, wenn ich meine Bedürfnisse beim Namen nenne. Hätte ich das mal gewusst, bevor ich mit Hajo in einer Beziehung war! Leider bedeutete es nicht automatisch, dass ich es auch umsetzen konnte. Aber ich erkannte immer öfter, wo der Fehler lag, den ich hätte vermeiden können, und lernte dadurch.

Autogenes Training – Formelhafte Vorsatzbildung

Autogenes Training war ein weiteres Instrument, das mir dabei half, körperlich und psychisch zu entspannen, Stress abzubauen und meine Mitte zu finden, nachdem die Beziehung mit Hajo zu Ende war. Der seelische Schmerz, den ich immer noch spürte, wurde mit jedem Tag weniger und der Glaube an mich selbst kam wieder zurück. Die Trennung tat nicht mehr so weh.

Durch das tägliche Praktizieren verbesserte sich meine Laune stetig und ich entwickelte eine innere Stärke, die ich bis dahin nicht gekannt hatte. Mein ganzer Ausblick auf das Leben wurde viel positiver und damit auch meine Verbundenheit mit den Menschen um mich herum - und ganz besonders mit der Schöpferkraft.

Der Begriff Autogenes Training wird aus dem griechischen „autos" (Selbst) und „gen" (erzeugend, bildend) abgeleitet. Der Berliner Psychiater Johannes Heinrich Schultz hat das Autogene Training aus der Hypnose weiterentwickelt und 1932 in seinem Buch „Das autogene Training" veröffentlicht.

Autogenes Training ist eine Entspannungsmethode, die auf Autosuggestion basiert, d.h. es werden formelhafte Redewendungen genutzt, die dem Unterbewusstsein helfen, dass es dank der Formeln eine Reaktion in unserem Körper hervorruft (Wärme, Schwere, Ruhe). Das vegetative Nervensystem wird aktiv beeinflusst durch die folgenden Formeln:

Ich bin ruhig, ganz ruhig

Der rechte Arm ist schwer, ganz schwer

Der rechte Arm ist warm, ganz warm

Die Atmung ist ruhig – Es atmet mich

Das Herz schlägt ruhig und regelmäßig

Das Sonnengeflecht ist strömend warm

Die Stirn ist angenehm kühl

Wichtig zu wissen: Du fängst mit der ersten Formel an und übst eine Woche lang nur mit ihr, indem du die Formel immer wieder innerlich wiederholst und dir vorstellst, wie du ruhig wirst. Du wirst feststellen, dass du am Ende der Woche viel schneller in den Ruhezustand kommst als am Anfang der Woche. In der zweiten Woche nimmst du dann die zweite Formel dazu und übst wieder eine Woche. Du verfährst mit allen Formeln in dieser Weise, bis du bei der siebten Formel angekommen bist. Die Übungen werden in der Droschkenkutscherhaltung[1] durchgeführt. In dieser Haltung kannst du deine Muskeln optimal entspannen.

Damit du am Ende der Übungen wieder schnell in den Wachzustand kommst, ballst du deine Fäuste und beugst und

---

[1] Bei der Droschkenkutscherhaltung sitzt du normal auf einem Stuhl, die Beine etwas auseinander, richtest dich auf und lässt die Arme hängen. Danach lässt du den Oberkörper in sich zusammensinken. Du schließt die Augen und pendelst deinen Oberkörper mit hängenden Armen ein. Wenn du deinen Ruhepunkt gefunden hast, legst du die Unterarme auf die Oberschenkel. Solltest du bei dieser Haltung Schmerzen empfinden, dann beende diese Haltung und setze dich hin wie es für dich richtig ist.

streckst deine Arme einige Male, atmest mehrmals tief durch und öffnest die Augen. Das nennt man Zurücknehmen. Wenn du das autogene Training als Einschlafhilfe benutzt, kannst du dir das Zurücknehmen sparen, denn du willst ja nicht wieder wach werden.

Ich würde dir empfehlen, dich einer Übungsgruppe anzuschließen, damit du es von Anfang an richtig lernst und du dich auch mit den anderen Teilnehmern austauschen kannst. Danach kannst du dann für dich selber üben.

Wie bei allen Disziplinen führt regelmäßiges Training dazu, dass du die Technik immer besser meistern kannst und somit schneller in die Entspannung kommst. Es geht praktisch darum, den Willen los und den Körper reagieren zu lassen. Dafür braucht der Körper Zeit. Du solltest also Geduld haben und deinem Körper vertrauen. Ich weiß, es ist nicht einfach, aber möglich.

Durch das regelmäßige Üben der Formelvorsätze erreichst du einen Zustand körperlicher Entspannung, der dann auch automatisch psychische Entspannung und Erholung mit sich bringt. Autogenes Training ist ein wunderbares Instrument, um besser mit Ängsten, Konzentrationsfähigkeit und Gedächtnisfertigkeiten umzugehen. Hinzu kommt, dass es sich positiv auf den Blutkreislauf, unser Schmerzempfinden und eine erhöhte Selbstbestimmung und Selbstkontrolle auswirkt. Durch eine verbesserte Wahrnehmung der eigenen Person fällt es uns leichter, selbstkritisch mit uns selbst zu sein und Gutes und Schlechtes in unserem Leben zu erkennen.

Autogenes Training hat heute viele Anhänger und seine Wirksamkeit wurde in vielen Studien nachgewiesen. Viele Volkshochschulen bieten Kurse für Autogenes Training an. Wer eine persönlichere Betreuung wünscht, kann sich auch an einen Coach wenden, der / die Autogenes Training anbietet.

Catherine Polet, Coach, Yoga und Autogenes Training Lehrerin, bietet zusätzlich auch eine Kombination aus Yoga und Autogenes Training an.

Beim Yoga geht es nicht um Beweglichkeit.

Es geht darum, den Geist zu befreien und seinen Weg zu finden.

Alte Weisheit

Ein weiterer Schritt auf meinem spirituellen Weg war Yoga. Durch die Hippie-Bewegung der siebziger Jahre, wurde ich auf die indische Spiritualität aufmerksam. Es faszinierte mich, durch bestimmte Bewegungen und Atemtechniken meinen Körper und meine Seele gleichzeitig zu trainieren.

Ich lernte durch richtiges Atmen (Pranayama) und körperliche Übungen, die sogenannten Asanas, auf meinen Körper zu hören, meine Gedanken ziehen zu lassen und mich zu fokussieren. Die gesundheitlichen Probleme meiner Mutter, und was sie mit mir machten, wurden zumindest für eineinhalb Stunden zur Nebensache. Ich konnte sie loslassen.

Durch die Atemübungen atmen wir Lebensenergie ein und bringen den Energiefluss in Balance. Wir verbinden uns mit der Schöpferkraft und können die Einheit mit dem Universum fühlen.

Im Yoga gibt es verschiedene Atemübungen, aber eines ist allen gleich. Mit jedem Einatmen atmen wir frischen Sauerstoff ein und beim Ausatmen reinigen wir unseren Körper, was unserem Blut, der Lunge und allen Organen zugutekommt. Wir können mithilfe der Atem- und Meditationsübungen lernen, in uns zu ruhen, ohne uns von unseren Schwächen und Bedürfnissen beherrschen zu lassen.

Ich habe Hatha Yoga praktiziert, also den körperlichen Yoga. „Ha" heißt Sonne, „Tha" heißt Mond und Yoga steht für Einheit / Harmonie. Hatha Yoga sieht den Menschen als Ganzes und den Körper als Tempel der Seele. Allerdings wirkt Hatha Yoga nicht nur in unserem physischen, sondern auch in unserem ätherischen Körper. Es verbessert unser Körpergefühl und wirkt sich positiv auf die Gedanken aus.

Yoga ist für jeden geeignet. Du musst dafür nicht sportlich oder gelenkig sein, auch das Alter spielt keine Rolle. Jeder kann jederzeit mit der Praxis des Yoga beginnen. Es ist auch nicht wichtig eine bestimmte Position möglichst perfekt einnehmen zu können, denn jeder Körper ist anders, jeder Körper ist einzigartig. „Yoga for yourself" ist die Formel, die dich dort abholt, wo du mit deinem Körper und Geist in diesem Moment bist.

Die Stellungen des Hatha Yoga trainieren und stärken die Gelenke, Muskeln, Organe und den Geist. Die Körpermuskulatur wird gedehnt, denn es werden unterschiedliche Muskelgruppen angesprochen, auch die, die sonst kaum trainiert werden. Darüber hinaus erhöht die intensive Dehnung die Beweglichkeit, wodurch Verspannungen gelöst werden können.

Durch die regelmäßige Praxis bestimmter Atemtechniken können wir in stressigen Situationen mehr Distanz zu negativen Gedanken erlangen, was Stress abbaut und zu einer anhaltenden inneren Ruhe führen kann.

Die bewusste Wahrnehmung des eigenen Körpers trägt zur Verbesserung des Körpergefühls bei und hat einen positiven

Effekt auf eine positivere Lebenseinstellung und ein besseres Selbstbewusstsein. Natürlich passiert das alles nicht in der ersten Stunde, sondern erfordert eine regelmäßige Praxis, was dir wiederum hilft zu mehr Geduld im Alltag zu kommen.

Wenn du dir jetzt überlegst, dass du doch gerne einen Yogakurs ausprobieren möchtest, habe ich hier noch ein Bonbon für dich: Yoga hat einen positiven Einfluss auf den Schlaf. Hierbei spielt der Stressabbau eine große Rolle. Denn Stress stellt häufig die Ursache für Ein- und Durchschlafprobleme dar. Die Atemübungen aktivieren das vegetative Nervensystem, wodurch der Stress unterdrückt werden kann. Das kann dazu beitragen, den Blutdruck zu senken und das Nervensystem positiv zu beeinflussen. Das vegetative Nervensystem steuert viele Hormone im Körper, weswegen seine Aktivierung hilft, den Hormonhaushalt zu regulieren.

Bewegung ist immer vorteilhaft für die Verdauung. Durch die tiefe Atmung werden die Verdauungsorgane mit mehr Blut versorgt und die Verdauung angeregt.

Yoga kann auch als Training für das Gehirn angesehen werden, denn es erfordert viel Konzentration. Die Leistungsfähigkeit des Gehirns wird erhöht und die

Konzentrationsfähigkeit gestärkt. So hat Yoga auch einen positiven Effekt auf deinen Berufsalltag.

Entspannungs-, Körper- und Atemübungen bringen uns in innere Harmonie und Kraft. Wir entwickeln eine eindeutige innere Haltung der Menschlichkeit. Die Übungen täglich zu praktizieren, unterstützt unseren Blick nach innen und hilft uns, unsere Kräfte zu entfalten und verloren gegangene Energie wiederzuerlangen.

Ich gebe zu, das tägliche Praktizieren ist nicht einfach, denn wir sind oft mit anderen Dingen beschäftigt und sehr kreativ in unseren Ausreden. Wenn du es aber schaffst, eine Woche lang regelmäßig zu praktizieren und die Vorteile des täglichen Übens erkennst, wirst du es nicht mehr missen wollen. Vielleicht möchtest du nicht jeden Tag eine Stunde praktizieren, sondern weniger. Schau dich um auf YouTube. Dort gibt es Angebote für alle Bedürfnisse. Du kannst aber auch gerne die Webseiten von Frau Seele und Catherine Polet durchforsten.

Wer Yoga als spirituellen Weg wählt, dem empfehle ich nicht nur die Körperübungen durchzuführen, sondern auch das Studium der Bhagavad-Gita (Das heilige Buch des Hinduismus, vergleichbar mit der Bibel des Christentums). In der Bhagavad-Gita spielt Yoga eine wesentliche Rolle, weil sich durch Yoga alle Aspekte unserer Persönlichkeit entfalten. Sie ist eine Anleitung zu einem erfüllten Leben im Hier und Jetzt. Durch das Gespräch zwischen Meister und Schüler werden Wege aufgezeigt, wie man seine Spiritualität einfach in den Alltag integrieren kann.

Die Gita teilt sich in drei Teile. Der erste Teil befasst sich mit dem Erkennen und Erfassen des wahren Selbst unter gleichzeitiger Erfüllung der weltlichen Pflichten zum Wohl der Gesellschaft. Wir können also unser Potenzial entwickeln und uns selbst verwirklichen, indem wir uns und unsere Umwelt annehmen, wie wir sind, ohne zu beurteilen.

Der zweite Teil beschäftigt sich mit der Natur Gottes und der Liebe zu ihm, während der letzte Teil Einsichten bezüglich der Erlangung unserer wahren Bestimmung gibt, indem wir uns von Schmerz und Kummer befreien.

Solltest du dich allerdings beim Lesen langweilen oder dir der Text nichts sagen, dann lege die Gita weg für ein Jahr, zwei Jahre, oder mach es wie ich und schau erst nach zehn Jahren wieder rein.

Manchmal müssen wir uns einfach die Zeit geben, die nötig ist, um alle Aspekte in unserer Spiritualität zu leben, und vielleicht ist in deinem Leben im Moment ein anderer Aspekt wichtiger als die Gita.

Der falsche Eindruck wirkt in dem, der ihn hat.

Bert Hellinger

Meine Mutter verbrachte die letzten fünf Jahre ihres Lebens im Pflegeheim, weil sie alleine zu Hause nicht mehr zurechtkam. Die letzten zwei Jahre waren schwierig, denn sie war schon 80 Jahre und ihre Bewegung war so sehr eingeschränkt, dass sie nur noch im Rollstuhl sitzen konnte. Als sie verstarb, dachte ich, dass es eine Erlösung für sie und für mich sei, denn jetzt fiel dieser ganze Druck endlich von mir ab. Die Schuldgefühle, weil ich mich nicht genug um meine Mutter kümmern konnte und sie im Pflegeheim war, das schlechte Gewissen, weil ich sie nur einmal im Monat besuchen konnte, da ich im Ausland wohnte etc., all das konnte ich jetzt, wo sie tot war, loslassen. Aber die erhoffte Erlösung kam nicht.

Im Gegenteil, es fiel mir schwer, morgens aufzustehen, ich konnte mich nicht mehr so gut konzentrieren und hatte das Gefühl, dass eine riesige Last auf meinen Schultern ruhte. Diese Gefühlssituation zog sich über Monate hin. Natürlich hatte ich Freundinnen, mit denen ich darüber sprechen konnte, aber es änderte sich nichts dadurch, bis eine Freundin mir vorschlug, eine Familienaufstellung zu machen.

Familienaufstellungen zeigen dir, welche Rollen die einzelnen Mitglieder in der Familie übernehmen und ob das ihrer Stellung in der Familie entspricht.

Teilnehmer der Gruppe stehen als Stellvertreter der Familienmitglieder in einem vorher festgelegten Feld, z.B. einem Teppich oder einem Teil des Raumes, der mit Stühlen der Teilnehmer eingerahmt ist, und fühlen sich in deren Persönlichkeit ein. Da alles Bewusstsein ist und wir mit allem und jedem immer verbunden sind, können sich die Stellvertreter auch in Personen einfühlen, die schon verstorben sind.

In meinem Fall war das meine Mutter. Am Anfang der Familienaufstellung habe ich mein Anliegen vorgebracht und beschrieben, wie ich mich seit dem Tod meiner Mutter fühlte. Ich suchte mir eine Stellvertreterin für meine Mutter und für mich und positionierte die beiden in dem dafür vorgesehenen Feld. Danach setzte ich mich hin und beobachtete. Der Aufsteller stellte Fragen, die die Stellvertreter beantworteten und gab am Schluss dann die nötigen Heilsätze vor, damit das Familiensystem wieder in Ausgleich kam.

Während der Aufstellung konnte ich sehen, dass ich meine Mutter energetisch nicht losgelassen hatte und an ihr festhielt, was mich sehr viel Kraft kostete. Meine Mutter dagegen fühlte sich komplett fehl am Platze. Ich weinte heftig, was zu einer gewissen Heilung führte, und konnte meine Mutter loslassen. Es stellte sich gleich ein Gefühl der Entspanntheit und Wärme in meinem Solarplexus ein.

Etwa eine Woche lang arbeitete mein Solarplexus noch mit meinen Gefühlen, verdaute sie und irgendwann spürte ich ein tiefes Glücksgefühl, Freude und Erleichterung, und von da an war meine Mutter mir näher als je zuvor, aber auf einer anderen Ebene.

Ich kannte die Stellvertreterin, die meine Familienrolle übernommen hatte, nicht. Umso erstaunter war ich, als ich erfuhr, dass Ihre Mutter im Endstadium einer schweren Krankheit war und in kurzer Zeit sterben würde. Das bestätigte mir wieder, wie unsere Intuition mit allem und jedem verbunden ist, denn es war für sie wichtig, diese Erfahrung zu machen.

Ich war begeistert von den Familienaufstellungen und stellte danach alle sechs Monate eine andere Konstellation auf, denn ich hatte definitiv nicht den richtigen Platz in unserer Familie, da ich seit meiner Kindheit Verantwortung übernommen hatte, die nicht meine war. Mein Leben verbesserte sich merklich.

Bei den Familienaufstellungen geht es immer um Ausgleich. Familienmitgliedern, denen Unrecht angetan wurde oder die aus der Gruppe (Familie) ausgeschlossen wurden, wollen gesehen und angenommen werden. Wenn dies nicht geschieht, kommt es zu Verstrickungen. Das bedeutet, dass jemand aus der Familie unbewusst das Schicksal eines früheren Mitglieds der Familie noch einmal übernimmt und durchlebt, und damit ein Schicksal übernimmt, das nicht das seine ist.

Das kann geschehen, weil es ein Gruppenwissen gibt, das wir allerdings nicht bewusst spüren. Zu dieser Gruppe gehören die Kinder, die Eltern, die Großeltern, die Geschwister der Eltern und solche, die Platz gemacht haben, z.B. frühere Ehepartner oder Verlobte der Eltern, egal ob sie noch leben oder schon verstorben sind. Jedes Mitglied dieser Gruppe hat ein Recht darauf dazuzugehören, niemand darf ausgeschlossen werden.

Familienaufstellungen bringen diese verborgenen Schicksalsbindungen ans Licht und können dadurch aufgelöst werden.

Sollte es dich interessieren, deine Familienkonstellation aufzustellen, dann empfehle ich dir vorher zu sondieren, welche Ausbildung und Erfahrung die Anbieter von Familienaufstellungen haben. Solltest du tiefgehende Traumata erlebt haben, empfehle ich dir Rücksprache mit deinem Arzt oder Therapeuten zu halten, bevor du dich zu einer Familienaufstellung entschließt.

Das Gewicht der Seele – das ist die Liebe.

Ignacio von Loyola

Eine weitere spirituelle Erfahrung machte ich durch Ignatianische Exerzitien. Meine Tochter hatte Schwierigkeiten in der Schule, ich selbst funktionierte nur noch und wusste nicht, wie ich wieder Freude und Lachen in mein Leben bringen konnte. In der Stille eines Klosters hoffte ich Antworten zu finden.

Das Wort Exerzitien kommt vom lateinischen „exercere" – sich einüben – und geht zurück auf die Geistlichen Übungen von Ignatius von Loyola (1491-1556). Als sein Bein von einer Kanonenkugel zerschmettert wurde und seine Genesung nur langsam voranschritt, las er die Heiligenlegenden und die

„Vita Christi" von Ludolf von Sachsen. Er hinterfragte seinen Lebensstil, machte eine radikale Wendung und wechselte zu einer asketischen Lebensführung. Ignatius zog sich für ein Jahr in ein Kloster zurück.

Mit den Exerzitien hatte er einen neuen Weg christlicher Spiritualität geschaffen, bei der die Individualität, die Ganzheitlichkeit, die Freiheit, die Entschiedenheit und der Sinn des Menschen angesprochen werden. Da die spirituellen Übungen als Einzelexerzitien angelegt sind, können die Praktizierenden die Einzigartigkeit der eigenen Bestimmung entdecken.

Der lebensnahe Umgang mit Gott hilft dem Menschen, sich dem liebenden Gott zu öffnen. Aus dieser Liebe heraus wächst Vertrauen und daraus wiederum entsteht die Offenheit des Einzelnen, sich auf den Prozess der Exerzitien einzulassen. Ängste, Verletzungen und Unfreiheiten können liebevoll angeschaut und aufgelöst werden. Die Praktizierenden erhalten einen neuen Blick auf den Sinn ihres Lebens und können eine vertiefte Glaubenserfahrung machen, durch die der Mut wächst, das neu Entdeckte auch im Alltag in die Tat umzusetzen.

Mit diesem Wissen im Gepäck machte ich mich im Juni 2008 auf ins Kloster der Franziskanerinnen zu Waldbreitbach, um eine Woche lang Ignatianische Exerzitien zu machen. Als ich ankam, war ich überrascht, dass viele der Schwestern keinen Habit trugen, sondern ganz normale Kleidung. Die Schwestern waren offen für das normale Leben der Menschen und dachten auch sonst sehr progressiv. Ich empfand diese Offenheit als sehr inspirierend und gleichzeitig war ich überrascht, weil ich es so nicht erwartet hatte. Gleich nach meiner Ankunft hatte ich mein Begrüßungsgespräch mit Schwester Gisela.

Beim Einführungsgespräch gab sie mir ein Zitat aus der Bibel, zu dem ich meditieren sollte, viermal am Tag für eine halbe Stunde. In unserem Gespräch machte sie mich auch auf das folgende Zitat von Ignatius aufmerksam:

„Nicht Vielwissen sättigt und befriedigt die Seele, sondern das Verspüren und Verkosten der Dinge von innen her."

Übersetzt hieß das, dass meine Meditationen mich zu einer tieferen Gebetserfahrung führen sollten, aus der heraus ich zu einer neuen Lebensorientierung kommen und mein Leben in all seinen Einzelheiten mit dem Willen Gottes in Einklang bringen konnte. Gottes Willen ungehindert von Wunsch und Angst wahrzunehmen und das Erkannte dann auch zu tun, das war das Ziel.

„Ganz schön viel für eine Woche", dachte ich mir. Meine Neugierde war geweckt und ich war gespannt, welche neuen Erkenntnisse ich gewinnen würde. Zweifel daran, ob ich das Schweigen eine Woche lang durchhalten würde, hatte ich nicht. Ich erfuhr, dass diese Schweigeexerzitien nicht für jedermann geeignet sind und manche Menschen die Reise nach innen nach drei Tagen abbrechen, weil es sie überwältigt.

Ignatianische Exerzitien hieß eine Woche lang schweigen und den Tag in Stille zu verbringen, also ohne Fernsehen und Telefon oder andere Ablenkung. Die Bibel war erlaubt. Schwester Gisela erklärte mir freudig, dass ich schweigend besser höre, was Gott mir zuflüstern möchte.

Einmal am Tag hatte ich ein Begleitgespräch von einer Stunde, in dem ich mich mit Schwester Gisela austauschen und Fragen stellen konnte.

Zu den Essenszeiten gab es einen extra Raum für die Menschen, die Exerzitien machten, damit sie ihre Ruhe hatten und nicht in ein Gespräch mit anderen verwickelt wurden. Es war alles wunderbar organisiert, das Essen schmeckte sehr gut, denn der Leib wird bei den Exerzitien auch mit einbezogen. Dazu gehört auch Bewegung entweder durch Spazieren gehen, Eutonie (Entspannungsübungen) oder Yoga.

Zwischen den Meditationen ging ich im Wald spazieren und genoss das Wiedtal mit seiner tollen Natur und den vielen Wanderwegen. Ich hatte Glück, die Sonne schien und ich genoss die Wärme, die durch den leichten Wind sehr angenehm war. Durch das körperliche Bewegen kam auch mein Inneres in Bewegung. Ich fing an, mit mir selbst zu sprechen (ich hatte ja sonst niemanden), was einige tiefe seelische Prozesse in Gang setzte. Mein Leben zeigte sich mir in einer Sackgasse. Mir wurde jeden Tag mehr bewusst, wie verhärmt und verhärtet ich innerlich war durch meinen Anspruch perfekt zu sein. Die Erwartungen, die ich an mich stellte, musste ich erfüllen, koste es was es wolle. Ich funktionierte und ich funktionierte gut. Meine weiche, liebende Seite aber wurde mehr und mehr überschattet.

Ich hatte meine Malsachen dabei und konnte somit zu Papier bringen, was ich noch nicht aussprechen konnte. Im Begleitgespräch besprach ich dann meine Bilder mit Schwester Gisela. Am Ende der Woche kam ich zu dem Schluss, dass ich meine weiche Seite nur leben konnte, wenn ich mehr Spiritualität und Kreativität in meinem Leben zuließ, und meinen inneren Kritiker nur zu Wort kommen ließ, wenn es wirklich nötig war.

Den alten Glaubenssatz, der mir fälschlicherweise als Nächstenliebe und Familienloyalität von meiner Familie weitergegeben wurde, nämlich dass ich immer etwas für andere tun muss, wenn sie Hilfe benötigen, sollte ich loslassen. Ich musste mich nicht ungefragt für andere engagieren, wenn sie Hilfe brauchten, sondern konnte abwarten, bis ich gefragt wurde. Ich wollte nicht mehr gelebt werden, sondern mein Leben selbst gestalten.

Alles in allem war die Woche im Kloster sehr tränenreich, emotional fordernd, aber auch sehr erleuchtend. Ich sah mein Leben in einem anderen Licht und hatte den Mut gewonnen, zu meinen Bedürfnissen zu stehen und Ihnen in meinem täglichen Leben Raum zu geben.

Leider gab es keine Zauberfee, die meine Erkenntnisse direkt in Taten umgewandelt hätte. Die Einsichten, die ich gewonnen hatte, konnte ich nur langsam umsetzen. Doch steter Tropfen höhlt den Stein. Ich suchte wieder mehr Kontakt zu Freunden und mein soziales Leben wurde aktiver, so dass ich mich wieder zugehörig und als Teil einer Gemeinschaft fühlte.

Reiki

Gerade heute sei nicht ärgerlich.

Gerade heute sorge dich nicht.

Ehre deine Eltern, Lehrer und die Ältesten

Verdiene deinen Lebensunterhalt ehrlich

Danke allem, was lebt

Diese Sätze sind die Prinzipien des Reiki nach Dr. Usui. Die Legende besagt, dass Dr. Usui körperliche Heilung mit spirituellem Erwachen verband. Eine ethische und spirituelle Lebensweise war ihm wichtig und darum übernahm er die Lebensprinzipien des Meiji-Kaisers und machte sie zu den Lebensprinzipien des Reiki

Neben dem Usui Reiki gibt es noch andere Arten von Reiki, die allerdings alle auf das Usui Reiki zurückgehen. Kuruna Reiki, Rainbow Reiki, Seichem Reiki sind nur eine kleine Auswahl der verschiedenen Reikisysteme.

Die verschiedenen Reikisysteme haben im Vergleich zu Usui Reiki zusätzliche Symbole und verschiedene Einweihungszeremonien, aber im Grunde genommen verbinden sie sich meiner Meinung nach alle mit derselben universellen Energie. Ich weiß, dass mir nicht jeder zustimmt, wenn ich das schreibe, aber wenn ich davon ausgehe, dass wir eins sind mit allem und jedem, zu jeder Zeit, dann macht es für mich keinen Unterschied, welche Art Reiki ich ausübe.

Reiki steht für universelle Lebensenergie und arbeitet mit den sieben Chakren. Das Wort Chakra bedeutet Rad oder Kreis. Chakren sind unsere feinstofflichen Energiezentren, über die wir die Reikienergie aufnehmen. Jedes Chakra hat seine eigene Schwingungsfrequenz und jeder Frequenz ist die entsprechende Farbe zugeordnet. Ein ausgeglichenes Chakra rotiert gleichmäßig und stark. Unausgeglichene Chakren entstehen durch emotionalen oder mentalen Stress, der die Chakren langsamer drehen lässt, was einen blockierten Energiefluss zur Folge hat, was wiederum zu Disharmonie und Krankheit führen kann.

Durch das Praktizieren von Reiki können die Chakren deblockiert und in Einklang gebracht werden. Unsere Selbstheilungskräfte werden gestärkt.

Chakren gelten als Spiegel unserer Seele. Alles, was wir denken, sagen oder tun, hat eine energetische Auswirkung. Gute Gedanken, Worte und Taten schwingen mit einer hohen Frequenz und ziehen somit die gleichen Frequenzebenen zu uns zurück. Das Gleiche trifft natürlich auch für negative Gedanken zu.

Jedes Chakra hat eine physische und eine psychische Zuordnung. Wird der psychische Bereich negativ beeinflusst, wirkt sich dies auch auf die entsprechenden Organe und Sinne aus.

Heilung kann stattfinden, wenn wir die Entscheidung zur Veränderung treffen. Indem wir uns dafür entscheiden, unsere negativen und alten Glaubenssysteme loszulassen, können wir unsere Einstellungen und unseren Lebensstil ändern und Freude und Harmonie zurück in unser Leben bringen.

Die Chakren beeinflussen unser körperliches, mentales, emotionales und spirituelles Wohlbefinden. Nachfolgend eine kurze Zusammenfassung der verschiedenen Chakren. Wenn du mehr Details über die Chakren erfahren möchtest, empfehle ich dir, entsprechende Literatur in deiner Lieblingsbuchhandlung zu konsultieren

1. Chakra - Wurzelchakra

Das Wurzelchakra befindet sich am hinteren Ende der Wirbelsäule. Es stimuliert die Lebenskräfte in unserem ganzen Körper und hilft uns, geerdet zu bleiben. Da das Wurzelchakra die niedrigste Schwingung hat, ist es mit der dichteren physischen Energie des Körpers verbunden. Die Farbe ist rot.

Das Wurzelchakra bezieht seine Energie aus der Erde, was uns körperliche Vitalität und Lebenswillen beschert. Es beeinflusst unsere Grundtriebe, Instinkte, Ausdauer und Kampf- oder Fluchtreaktionen. Des Weiteren befasst es sich mit den Überlebensbedürfnissen des Körpers, einschließlich Nahrung, Unterkunft und Schutz.

Das Wurzelchakra ist relevant für Errungenschaften in der materiellen Welt, wie Beständigkeit, Charakterstärke, Geduld, Ausdauer und Sicherheit. Es beeinflusst körperlich die Knochen, Zähne und Nägel, Füße und Beine sowie unsere Verdauung.

Wenn dieses Chakra ausgeglichen ist, fühlen wir uns gesund, optimistisch, glücklich, stabil und voller Vitalität. Hat das Wurzelchakra zu viel Energie, kann dies zu Egoismus, Gier, Überheblichkeit, Irritation, Aggression und Sadismus führen. Wenn es zu wenig Energie hat, kann dies zu Angstzuständen, mangelndem Selbstvertrauen und mangelnder Fähigkeit führen, Dinge zu erledigen. Wenn dieses Chakra nicht richtig funktioniert, beeinflusst es die Beine, Knochen, Nebennieren, den Dickdarm und die Wirbelsäule negativ.

Die zugehörige Drüse ist die Nebenniere. Das Wurzelchakra gehört zum Element Erde und der zugehörige Sinn ist der Geruch.

2. Chakra - Sakralchakra

Es befindet sich im Unterbauch zwei Zentimeter unterhalb des Bauchnabels und ist die Quelle unserer Kreativität und Inspiration. Die Farbe ist orange.

Das Sakralchakra ist die Grundlage unseres emotionalen Körpers, es beeinflusst unsere Fähigkeit, Emotionen und Empfindungen zu fühlen und steuert unsere Fähigkeit, unsere Emotionen loszulassen. Hier überwinden wir unsere Vergangenheit.

Es beeinflusst körperlich den Unterbauch, die Blase, die Nieren, die Geschlechtsorgane, die Fortpflanzung und die Fruchtbarkeit. Wenn das Sakralchakra ausgeglichen ist, fühlen wir uns gesund, offen, freundlich und kreativ, was uns hilft, uns auf unsere Ziele zu konzentrieren. Wir sind empathisch für andere, das fördert Toleranz und Geduld, was uns wiederum hilft, positiv mit anderen umzugehen. Wir lernen aus unseren Erfahrungen, egal ob es sich um Erfolge oder Misserfolge handelt.

Wenn dieses Chakra nicht richtig funktioniert, kann es emotionale Probleme wie sexuelle Schuldgefühle, übermäßiges Essen und Drogenkonsum verursachen. Ein Ungleichgewicht kann negative körperliche Einflüsse wie Blasenentzündungen, Impotenz oder Probleme mit den Fortpflanzungsorganen und der Fruchtbarkeit hervorrufen.

Wenn das Sakralchakra zu viel Energie hat, können wir egozentrisch, zu ehrgeizig, eifersüchtig, misstrauisch und kalt werden. Fließt zu wenig Energie, können wir schüchtern, überempfindlich, misstrauisch, verwirrt, unsicher werden, mit einem wachsenden Gefühl der Ziellosigkeit in unserem Leben.

Die verwandte Drüse ist die Gonadendrüse, das sind die Keimdrüsen, beim Mann die Hoden bei der Frau die Eierstöcke. Das Element ist Wasser und der zugehörige Sinn ist der Geschmack.

3. Chakra – Solarplexus

Das dritte Chakra, unser Solarplexus, liegt im Oberbauch oberhalb des Nabels. Die Farbe ist gelb. Es ist das Zentrum unserer Emotion, und das Zentrum, in dem wir durch unsere Denk- und Glaubenssysteme integrieren, wer wir sind.

Wenn der Solarplexus ausgeglichen ist, haben wir eine sensible, empathische Haltung gegenüber anderen. Es geht um persönliche Kraft, Energie und Selbstbeherrschung, emotionale Probleme und Fragen der Selbstakzeptanz.

Körperlich beeinflusst der Solarplexus Magen, Bauchspeicheldrüse, Milz, Leber, Gallenblase, Stoffwechsel und Nervensystem.

Wenn unser Solarplexus ausgeglichen ist, können wir unsere eigene Kraft erfolgreich einsetzen, was wiederum Wohlstand und Gleichgewicht anzieht, wodurch wir uns sicher und geborgen fühlen. Wir können besser mit Veränderungen in unserem Leben umgehen.

Ein Mangel an Gleichgewicht im Solarplexus kann auf einen Mangel an Gleichgewicht in den ersten beiden Chakren zurückzuführen sein. Dieses Ungleichgewicht kann körperliche Probleme wie Geschwüre, Verdauungsprobleme oder Leber- und Bauchspeicheldrüsenbeschwerden verursachen.

Unser Solarplexus ist das Zentrum psychosomatischer Erkrankungen, die durch Wut, Stress und Frustration verursacht werden. Wut ist das Produkt von zu viel Selbstbeherrschung; alles fühlt sich wie ein mühseliger Kampf an, der voller Konflikte ist und zu Problemen im Umgang mit

Macht und Autorität führt. Frustration ist das Produkt von zu wenig eigener Kraft; alles fühlt sich zu anspruchsvoll an und andere stellen zu viele Anforderungen an uns.

Die verwandten Drüsen sind Leber und Gallenblase, Milz und Bauchspeicheldrüse. Es gehört zum Element Feuer und der verwandte Sinn ist das Sehen.

4. Chakra - Herzchakra

Das Herzchakra befindet sich in der Mitte der Brust, direkt über dem Herzen. Die Farbe ist grün mit etwas rosa.

Die unteren drei Chakren beziehen sich auf die persönliche Energie und die höheren drei Chakren beziehen sich auf das höhere Selbst. Das Herzchakra ist die Verbindung zwischen unserem physischen und unserem spirituellen Körper und wird von der Liebe angetrieben. Es beeinflusst unsere Fähigkeit Vergebung, Mitgefühl, Empathie, Vertrauen, Gleichgewicht und Leichtigkeit in unser Leben zu lassen und hilft uns, mit der Natur in Kontakt zu kommen.

Dieses Chakra beeinflusst physisch die Lunge, die Thymusdrüse, den Kreislauf, das endokrine und das Immunsystem.

Wenn das Herzchakra ausgeglichen und in Harmonie mit den unteren und oberen Chakren ist, können wir den Zustand erreichen, der bedingungslose Liebe ermöglicht und uns in die Lage versetzt, anderen zu helfen. Wir fühlen uns in Frieden mit uns selbst und der Welt um uns herum. Ein ausgeglichenes Herzchakra hilft uns Erfolg, Wachstum und Wohlstand zu leben. Es bringt alle unsere Anteile ins Gleichgewicht. Dies wiederum hilft uns, anderen zu helfen, und wir werden zu echten Menschenfreunden.

Ein Mangel an Gleichgewicht im vierten Chakra kann auf einen Mangel an Gleichgewicht in den ersten drei Chakren zurückzuführen sein. Wenn das Herzchakra nicht richtig funktioniert, kann es zu negativen Einflüssen im Körper kommen, wie Kreislauf-, Lungen- oder Herzproblemen. Probleme mit diesem Chakra können dazu führen, dass wir körperlich und emotional instabil werden. Es kann dazu führen, dass wir den Märtyrer spielen, uns ungeliebt und misstrauisch fühlen oder dass wir Dinge verdrängen. Die verwandte Drüse ist die Thymusdrüse und das Element ist Luft. Der verwandte Sinn ist der Tastsinn.

5. Chakra - Hals- oder Kehlkopfchakra

Das fünfte Chakra befindet sich an der Basis des Halses in der Kehle. Die Farbe ist blau.

Es beeinflusst Kommunikation, Ausdruck, Urteilsvermögen, Selbstvertrauen, Weisheit, Wahrhaftigkeit, Astralreisen und Hellsehen. Körperlich beeinflusst es Lunge, Mund, Kiefer, Rachen und Speiseröhre.

Wenn das fünfte Chakra ausgeglichen ist, ermöglicht es aktives Zuhören und freie Kommunikation und hilft uns, uns zentriert und glücklich zu fühlen. Ein ausgeglichenes Kehlkopfchakra fördert Kreativität und Inspiration und lenkt unseren Willen zur Veränderung.

Wenn es nicht richtig funktioniert, kann es zu negativen körperlichen Problemen wie Halsschmerzen, Ohrenschmerzen oder Infektionen, chronischen Erkältungen, Schilddrüsenproblemen, Sprachschwierigkeiten, chronischer Müdigkeit und Depressionen führen. Es kann auch dazu führen, dass wir andere durch Täuschung und Unehrlichkeit kontrollieren möchten.

Bei zu viel Energie in diesem Chakra, kann es uns unflexibel, dominierend und egoistisch machen oder uns zu einer selbstgerechten Einstellung führen. Ein Mangel an Energie kann dazu führen, dass wir nervös, verängstigt und introvertiert sind und dazu neigen, unsere Gedanken für uns zu behalten, und uns jeder Art von Veränderung widersetzen.

Die verwandte Drüse ist die Schilddrüse. Das Element ist Äther und der verwandte Sinn ist der Hörsinn.

6. Chakra – Drittes Auge

Das sechste Chakra befindet sich in der Mitte der Stirn zwischen den Augen. Die Farbe ist lila.

Das Chakra des dritten Auges beeinflusst unsere Fähigkeit, Dinge zu sehen, die noch im Entstehen sind, sowie das Hellsehen.

Wenn das sechste Chakra ausgeglichen ist, können wir Auren und Geistführer sehen, die uns helfen, in die Vergangenheit und in die Zukunft zu schauen. Wir sind in der Lage, uns mit unserer Intuition, Vorstellungskraft, Erleuchtung und einem fein abgestimmten Bewusstsein zu verbinden. Unsere Fantasie und Realität werden hier definiert.

Dieses Chakra beeinflusst physisch die Augen, die Nase, das zentrale Nervensystem, das Gehirn und die Hypophyse.

Wenn das Dritte Auge Chakra ausgeglichen ist, haben wir das Gefühl, die Kontrolle über unser Leben und den Mut zu haben, das zu tun, was wir wollen. Wir vertrauen auf unsere eigenen Fähigkeiten und müssen nicht auf andere schauen, um uns ganz zu fühlen. Unsere geistigen Fähigkeiten und unser sechster Sinn funktionieren gut.

Bei Nichtfunktionieren dieses Chakras kann es auf der körperlichen Ebene zu Seh- und Nebenhöhlenproblemen, Kopfschmerzen und Albträumen kommen.

Zu viel Energie kann zu Konzentrationsschwäche, Kopfschmerzen, Verwirrtheit, geistiger Erschöpfung, psychischen Problemen oder Panikattacken und Depressionen führen. Wenn es an Energie mangelt, kann dies dazu führen, dass wir ungeordnet, nicht durchsetzungsfähig, leistungsängstlich und zu sensibel für die Gefühle anderer sind. Es ist uns nicht bewusst, was von uns selbst oder von unserer höchsten Führung kommt. Die verwandte Drüse ist die Hypophyse. Der Sinn ist die Intuition und die außersinnliche Wahrnehmung.

7. Chakra -Kronenchakra

Das Kronenchakra befindet sich auf der Oberseite des Kopfes oder Kronenbereichs.

Die Farbe ist weiß / violett. Es verbindet uns mit der höchsten Führung, der Schöpfung. Das 7. Chakra beeinflusst unseren spirituellen Willen, unsere Inspiration, unseren Idealismus und unser spirituelles Wissen. Es ist unsere Verbindung mit dem Universum.

Dieses Chakra beeinflusst physisch die Großhirnrinde, das Großhirn, das zentrale Nervensystem, die Zirbeldrüse und die damit verbundenen Hormone. Wenn das Kronenchakra ausgeglichen ist, werden wir von ego-getriebenen Wünschen befreit, wir können unserer höchsten Führung vertrauen und wissen, dass wir in allem, was wir tun, geführt werden.

Wenn dieses Chakra nicht richtig funktioniert, kann dies dazu führen, dass wir ängstlich und unsicher werden, und ein geringes Selbstvertrauen haben. Es kann negative körperliche Einflüsse wie Kopfschmerzen, Sorgen, Angstzustände, Immunstörungen, geistige und kognitive Probleme hervorrufen.

Um dieses Chakra auszugleichen, wird empfohlen, zu meditieren und sich mit dem inneren Selbst, dem höheren Selbst, den Geistführern oder der Schöpferkraft zu verbinden, je nachdem, was für dich am besten funktioniert. Bitte in stiller Kontemplation um Führung in Angelegenheiten, für die du Antworten benötigst. Die Antwort kann sofort zu dir kommen oder später als Aha-Moment oder durch einen Traum. Die verwandte Drüse ist die Zirbeldrüse.

Eine gute Möglichkeit, alle Chakren miteinander in Einklang zu bringen, ist der Chakrenausgleich. Dafür legst du eine Hand auf das erste Chakra (Schambein) und die andere auf das sechste Chakra. (Stirn) und lässt die Energie fließen, bis du fühlst, dass beide Chakren miteinander verbunden sind. Das kann zwischen zwei und fünf Minuten dauern.

Danach wiederholst du diesen Vorgang mit den anderen Chakren, indem du eine Hand auf das zweite Chakra (unterhalb des Nabels) legst und die andere auf das fünfte Chakra (Hals / Kehle). Zum Schluss legst du eine Hand auf das dritte Chakra (Solarplexus) und die andere auf das vierte Chakra (Brustmitte).

Die regelmäßige Anwendung des Chakrenausgleichs schenkt dir neue Energie und Vitalität.

Sollte dein Interesse jetzt geweckt sein und du möchtest Reiki erlernen, weißt aber nicht, welche Reikimethode für dich die richtige ist, so kann ich dir nur empfehlen, die verschiedenen Systeme im Internet nachzulesen und das auszusuchen, was dich wirklich anspricht.

Ich lernte Reiki, weil ich dachte, ich könnte meiner Tochter damit helfen ruhiger zu werden und sich besser zu konzentrieren. Stillsitzen in der Schule fiel ihr schwer. Ich hoffte, mit Reiki ihre Selbstheilungskräfte aktivieren zu können. Du kennst die Antwort wahrscheinlich schon, sie wollte nichts davon wissen.

Ich stand also da mit meiner Ausbildung, die ich bei der sehr kompetenten Brigitte Glaser in Bonn durchlaufen hatte, und musste mir nun andere Menschen zum Praktizieren suchen, was Gott sei Dank nicht schwer war.

Ich fand eine Reikigruppe und wir trafen uns regelmäßig einmal die Woche, um uns gegenseitig Reiki zu geben. Es war eine tolle Erfahrung und ich merkte, dass ich sehr viel ausgeglichener wurde und mir weniger Sorgen um meine Tochter machte.

Ich war begeisterte Reikianwenderin und ließ mich bis zum Meistergrad ausbilden. Für Freunde und Kollegen bot ich voller Elan Reikibehandlungen an. Es war sehr bereichernd und erfüllend für mich, wenn ich sah, dass es den Menschen danach besser ging.

Schule der Geistheilung nach Horst Krohne

Ein weiterer kleiner Baustein in meiner spirituellen Entfaltung war ein Seminar bei der Schule der Geistheilung nach Horst Krohne. Es war deswegen ein kleiner Baustein, weil ich nur das erste Seminar absolvierte. Ich möchte dir aber trotzdem davon erzählen, weil die Schule der Geistheilung nach Horst Krohne viele Möglichkeiten bietet mit Heilenergie zu arbeiten.

Am ersten Tag lernten wir mit dem VivoMeter (BioTensor oder Einhandrute sind weitere Bezeichnungen), wie wir die Aura ausmessen, was es mit dem Äquator auf sich hat, wie wir die Chakren miteinander verbinden und die Meridiane ausmessen.

Aus bioenergetischer Sicht sind der Körper mit dem Nervensystem, die Seele (das Unbewusste) mit dem Meridiansystem und der Geist mit dem Chakrensystem in ständigem Austausch von Informationen. Durch das Ausmessen der Meridiane (an Händen und Füßen) und Chakren mit dem BioTensor kann der Klient direkt mitverfolgen und sehen, wo die Blockade im Körper sitzt. Das ist natürlich sehr hilfreich, wenn Klienten zum ersten Mal kommen und dem Ganzen noch kritisch gegenüber sind.

Die Energie unserer Aura ist aufgeteilt in einen Pluspol, (vom Kopf bis zur Höhe der Ellenbogen) und einen Minuspol (Höhe der Ellenbogen bis zu den Füßen). Je nachdem, welchen Pol du misst, dreht sich der BioTensor nach rechts oder links. Dreht er rund = gesund. Zeigen sich unrunde

Bewegungen, kann man von Funktionsstörungen im Körper ausgehen. Diese wiederum kannst du mit weiteren Messungen herausfinden.

Du wirst dich wahrscheinlich schon gewundert haben, was ich mit dem Wort Äquator meine. Der Äquator ist der Übergang des Energiehaushalts vom Plus- zum Minuspol. Er befindet sich auf Höhe der Ellenbogen. Bauchorgane, wie Leber, Magen, Bauspeicheldrüse, Milz, Nieren und Dickdarm liegen im Bereich des Äquators. Verschiebt sich dieser Äquator, kann es zu Problemen mit dem Säure-Basen-Haushalt kommen, aufgrund fehlgesteuerter Stoffwechselprozesse.

Weitere Instrumente dieser Heilmethode sind die Organsprache und der Lebenskalender. Bei der Organsprache wird der Klient mit seinem Körperbewusstsein in Verbindung gebracht und der Heiler überträgt die Heilenergie, während ein Dialog mit dem Organ stattfindet. Der Körper kommt wieder in Harmonie und Heilung kann stattfinden.

Der Lebenskalender ist ein Energieband, das sich vom Scheitelpunkt des Kopfes bis zum unteren Ende des Hinterkopfes, dem Atlas, hinzieht und deine Lebensjahre repräsentiert. Mit dem BioTensor kann dieses Energieband ausgemessen werden und Turbulenzen in früheren Lebensjahren behandelt werden.

Wenn dich diese Heilmethode interessiert, dann empfehle ich dir die Webseite der Schule https://www.schule-der-geistheilung.de

Wen Gott liebt, den züchtigt er

Du und ich wir sind eins.
Ich kann dir nicht wehtun, ohne mich zu verletzen.

Mahatma Gandhi

„Wen Gott liebt, den züchtigt er." Halleluja Mama, was wolltest du mir mit diesem Satz sagen?

Es fühlte sich an, als müsste ich mir die Aufnahme in den Himmel durch mein Leiden hier auf Erden verdienen. Je mehr ich leide, umso größer ist die Liebe Gottes, und diese Liebe ist mir sicher im Jenseits.

Ich wuchs auf mit einem Konzept von Gott, der eine externe Vaterfigur darstellte, und uns beim Übertritt ins Jenseits beurteilt. Die guten Taten wägt er gegen die bösen Taten ab und dann entscheidet er, ob wir in den Himmel oder die Hölle kommen. Ein durchaus gängiges Gottesbild, geprägt durch die katholische Kirche, die im ländlichen Raum zu der damaligen Zeit großen Einfluss hatte.

Als Kind habe ich dieses Konzept übernommen und habe mich wohl damit gefühlt. Als Erwachsene habe ich mir dann meine eigenen Gedanken gemacht und konnte mit diesem verurteilenden Gott nichts anfangen. Gott war in meinen Augen Liebe, eine nie endende, alles überstrahlende Liebe.

Durch unterschiedliche Studien lernte ich, dass wir Gott eigentlich nicht denken können. Er steht für die Unendlichkeit, in der es weder Raum noch Zeit gibt. Alles findet im Jetzt statt, ohne Begrenzung. Gott ist also immer und überall zur gleichen Zeit gegenwärtig. Wir können also nicht dort sein, wo Gott nicht ist.

In seinem Buch „Quantenphilosophie und Interwelt" erklärt Ulrich Warnke, dass die Physik die Schnittstelle zwischen philosophischer und spiritueller Reflexion ist.[2] Die Quanten, das energetische Geschehen der Atome auf einer subatomaren Ebene, können durch den Einfluss von Bewusstsein und Gedanken beeinflusst werden. Warnke nennt es „Der Beobachter formt das Beobachtete." d.h. wir formen unsere Realität. Wir bestimmen selbst darüber, ob wir glücklich sind oder nicht, ob wir erfolgreich oder erfolglos sind.

Wenn ich nun diesen mitleiderregenden Satz meiner Mutter als Beispiel nehme, so hat sie mir beigebracht, dass es gut sei zu leiden, denn wenn ich leide, werde ich von Gott geliebt und

---

[2] Vgl. Warnke Ulrich, Quantenphilosophie und Interwelt, 2. Auflage, Berlin,München, Scorpio Verlag GmbH & Co. KG, 2013, S. 245-252

die Belohnung folgt im Jenseits. Das heißt natürlich nicht, dass ich mein ganzes Leben lang daran festhalten muss. Zweifellos ist es schwer alte Glaubenssätze loszulassen, aber durch das Bewusstmachen und die Qualität meiner Gedanken habe ich es in der Hand, meine Realität zu verändern, auch weil es eine universelle Ordnung gibt und die Gesetze des Universums immer aktiv sind.

Gesetz des Geistes

Das höchste universelle Gesetz ist das Gesetz des Geistes. Es besagt, dass alles seinen Ursprung in reinem schöpferischem Geist hat. Der schöpferische Geist kann als eine höhere Form der Energie gesehen werden, als Feld des reinen Bewusstseins, als Gott, Universelle Intelligenz, oder Schöpferebene.

Ramana Maharshi erklärte, dass Ausdrücke wie Gott und Selbst identisch sind und dass wir durch die höhere Ebene der Selbstverwirklichung auch Gott verwirklichen. Indem wir erkennen, wer wir sind, erkennen wir Gott. Wir erfahren Gott also nicht, sondern wir erkennen, dass wir Gott sind.[3]

Das Einzige, dass uns daran hindert, uns selbst als Gott zu erkennen, ist unser rastloser Geist und unser verkehrtes Verhalten, das meistens nach außen gerichtet ist, weil unsere Wahrnehmung durch unsere Sinne stattfindet.

Mit Selbstverwirklichung ist nicht der Individualismus gemeint, sondern eine höhere Form des Seins. Sind wir noch nicht so weit fortgeschritten in unserer spirituellen Entwicklung und sehen uns immer noch als individuelle Person, getrennt von Gott, so ist es ein Gott, der die Aktivitäten des Universums überwacht. Wenn wir aber alles andere aufgeben und uns darauf konzentrieren, Gott zu suchen, bleibt er allein als das Ich zurück.

Das heißt mit anderen Worten, wenn wir nach Dingen suchen und davon immer mehr haben wollen, besitzen wir zwar viele Dinge, sind aber innerlich trotzdem leer, weil wir vergessen, unsere Seele zu nähren und unsere schöpferische Bestimmung zu leben. Wenn wir diese annehmen und mit Freude JA! dazu sagen, dann wachsen wir hinein in unsere

---

[3] Maharshi Ramana, Sei, was du bist! Die wichtigsten Lehren des großen indischen Weisen, Neuausgabe 2011, München, Droemer Knaur, 2011, S. 244

Bestimmung und werden auch Menschen anziehen, die uns in unserem Wachstum unterstützen. Durch das Leben unserer Bestimmung spüren wir die Präsenz Gottes, fühlen das Einssein mit Gott. Diese Einheit mit Gott hat Jesus als das Himmelreich bezeichnet.

In der Thora wird erwähnt, dass Gott zu Moses sagte, das ist mein Name „Ich bin der Ich bin" für jetzt und immer. Da Gott identisch ist mit unserem Selbst wird sein Name „Ich Bin" somit zu unserem göttlichen Namen, denn wir sind eins mit Gott. In diesem Sinne sollten wir genau überlegen, was wir sagen, wenn wir sagen „Ich bin". Durch Aussagen wie „Ich bin nicht schön" oder „Ich bin nicht kreativ" ziehen wir natürlich auch diese negative Energie an. Wenn wir aber z.B. sagen „Ich bin die Fülle, die ich erleben möchte", dann bringe ich eine positiv vibrierende Aussage in mein Leben, die wiederum bringt weitere höhere Energien in mein Leben in Form von Menschen oder neuen Gelegenheiten.

Auch in der Baghavat Gita wird Gott mit „Ich bin, das Selbst", gleichgesetzt.

Aber wie arbeitet nun das Universum? Die höchste Ebene ist die Schöpferebene, wie oben beschrieben.

Es folgt die Ebene des Matrixfeldes oder 0-Punkt Feld, das auch als energetischer Bauplan unserer Welt bezeichnet wird.

Dieses Feld wurde schon in der Bhagavad Gita, dem heiligen Buch des Hinduismus, erwähnt. Es besagt, dass die Natur, der göttliche Geist, das Feld sowie das reine Bewusstsein anfangslos sind. Alles aus der natürlichen Welt hat im Bewusstsein selbst seinen Ursprung, dem einen höchsten göttlichen Bewusstsein.

Im Buddhismus wird das Feld als der Raum, in dem alles entsteht und vergeht, bezeichnet. Hier befinden sich Vergangenheit, Gegenwart und Zukunft von allem, was ist, was war und was sein wird.

Die nächste Ebene ist der Bereich der Quantenwahrscheinlichkeiten, der subatomaren Teilchen. Aus diesen Quantenwahrscheinlichkeiten kann der Mensch durch bewusstes Fokussieren Realität entstehen lassen, die ihn eine bestimmte Erfahrung machen lassen. Hier findet die Geist-, Energie- oder Frequenzheilung statt und das ist auch die Ebene, auf der wir unsere Glaubenssätze ändern können.

Die Atome sind die nächste Ebene. Danach folgen die Moleküle und schließlich unser Körper.

Das Gesetz der Schwere oder der Gravitation kennen wir alle aus der Physik, z.B. durch die Erdanziehungskraft, die uns auf der Erde aufrecht gehen lässt, oder den Mond, der Ebbe und Flut beeinflusst. Das Gesetz der Schwere besagt, dass dort, wo viele Massen zusammenkommen, die Gravitation am stärksten ist. Allerdings weiß man heute auch, dass die Gravitation oder die Anziehung auch dort Effekte hervorruft, wo es informative Botenteilchen gibt statt Massen, also in unserem Denken und Empfinden.

Wir wissen alle aus eigener Erfahrung, wie uns Angst, Wut, Frustration und Sorgen nach unten ziehen können. Gleichzeitig kennen wir aber auch das Gefühl der Freude, der Euphorie und der Zuversicht, wenn wir gute Gedanken pflegen oder wir mit Liebe umsorgt werden. Wir können also sagen, auf der energetischen Ebene wirkt sich das Gesetz der Schwere so aus, dass das Negative und Böse den Menschen belastet und das positive Denken und Empfinden den Menschen beflügelt.

Gesetz der Wechselwirkung

Ein weiteres universelles Gesetz ist das Gesetz der Wechselwirkung. Es wird auch das Gesetz von Ursache und Wirkung oder Karma genannt und erklärt uns, dass wir der Schöpfer unseres Lebens sind. Schon in der Bibel steht geschrieben „Denn was der Mensch sät, das wird er ernten" (Galater 6:7). Was natürlich nichts anderes bedeutet, als dass sich unser Handeln und Denken in unserem Leben widergespiegelt. Wenn ich Hass sähe, kann ich nicht erwarten, geliebt zu werden. Das folgende Talmud-Zitat macht es nochmal deutlicher. Alles hängt von unseren Gedanken ab.

Achte auf Deine Gedanken, denn sie werden Worte.

Achte auf Deine Worte, denn sie werden Handlungen.

Achte auf Deine Handlungen, denn sie werden Gewohnheiten.

Achte auf Deine Gewohnheiten, denn sie werden Dein Charakter.

Achte auf Deinen Charakter, denn er wird Dein Schicksal.

Das Gesetz der Entsprechungen

Das Gesetz der Entsprechungen oder auch Spiegelgesetz genannt, bezieht sich darauf, dass es in der materiellen Welt für alles eine Entsprechung gibt, z.B. wie innen so außen, d.h. unsere Innenwelt spiegelt sich in der Außenwelt wider und zeigt uns so den Spiegel unseres inneren Seins. Unzufriedenheit im Äußeren ist also eine Projektion unseres unzufriedenen Inneren.

Ich nahm vor einigen Jahren an einem Seminar teil. Im Seminarraum kam eine Frau auf mich zu, die ich noch nie vorher gesehen hatte, aber ich spürte sofort „Here comes trouble". Sie sprach mich an und ich musste an mich halten, sie nicht vor den Kopf zu stoßen, denn diese Frau konnte ja nichts für meine unguten Gefühle. Ich spürte, wie es in mir brodelte. Ich versuchte so gut es ging, dieser Frau aus dem Weg zu gehen, aber sie suchte immer wieder meine Nähe. Als ich wieder zu Hause war, meditierte ich über dieses unangenehme Gefühl und konnte erkennen, was es war. Ich erinnerte mich an eine Situation, die schon gefühlte 100 Jahre zurücklag und mich sehr verletzt hatte. Durch meine Projektion kam der Ärger von damals hoch und diese arme Frau musste es ausbaden. Da ich mir aber bewusst war, dass es aus meinem Inneren kam, konnte ich mich damit auseinandersetzen und das alte Gefühl der Verletztheit loslassen.

Gott ist heute für mich die Essenz allen Lebens, das pure Bewusstsein. Ich bin mit Gott verbunden durch den kleinen Funken Geist, der in mir lebt und den ich durch meine spirituelle Praxis zum Leuchten bringen kann, denn an meinem Licht werde ich erkannt.

Bin ich ein Medium?

Neue Wege entstehen, indem wir sie gehen

Friedrich Nietzsche

Als ich 2014 am Arthur Findlay College in Stansted ankam, war ich in keiner guten Verfassung. Es hatte mich zu viel Kraft gekostet, mein Leben zusammen zu halten. Die Sucht meiner Tochter hatte mich in meinen Grundfesten erschüttert, hinzu kamen zu hohe Ansprüche an mich selbst, ich konnte keine Hilfe annehmen und neigte zur Perfektion.

Mein damaliger Coach empfahl mir das College, weil ich dort lernen würde, mit verschiedenen Energien zu arbeiten. Ich würde dadurch sensibler werden im Erfühlen dieser Energien, was sich positiv auf meine Reiki Anwendungen auswirken könnte. Das hörte sich gut an und so buchte ich einen Kurs, den ich intuitiv ausgesucht hatte. Er hieß „Mediumship and spiriutal development" mit Kursorganisator Colin Bates, ein wunderbarer Lehrer und Medium.

Als ich las, dass ich am weltweit führenden College zur Förderung des Spiritualismus und der psychischen

Wissenschaften eingeschrieben war, wurde mir doch etwas mulmig, denn ich wusste nicht wirklich, was auf mich zukam.

Mein Herz springt immer noch vor Freude, wenn ich an diese Woche zurückdenke. Sie war einfach perfekt. Ich traf Menschen aus der ganzen Welt, die wie ich den Pfad der Spiritualität gingen oder noch suchten. Ich war 53 Jahre alt und hatte zum ersten Mal in meinem Leben das Gefühl, dass ich so sein konnte, wie ich war. Meine Sensibilität, die ich immer unterdrückt (oder zumindest für mich behalten) hatte, konnte zum Vorschein kommen, und wir wurden alle ermutigt, sie zuzulassen. Welch eine Befreiung! Es schien als könnte ich die Fesseln des Angepasstseins und meine ständigen Zweifel, ob ich alles richtig machte, endlich auf die Reise ins Nirgendwo schicken. Ganz so schnell ging es dann doch nicht, aber der Anfang war gemacht.

Wir wurden angeleitet uns mit der geistigen Welt zu verbinden und diese Verbindung zu stärken (auf meiner Webseite www.seeknomore-become.com erfährst du mehr darüber). Colin leitete uns an und gab die Worte vor in einer Art und Weise, die mich direkt in ein tiefes Verbundensein mit der Schöpferkraft treten und die Funken in mir sprühen ließen. Es fühlte sich an wie eine Wiese im Frühling, auf der die Blumen sprießen. In jeder Sekunde öffnete sich eine neue

Blüte und sprühte Liebe und Mitgefühl in meinen Körper. Das Feuerwerk der Glückseligkeit breitete sich in meinem Körper, vom Kopf bis zum Fuß, aus. Die Verbindung mit der Schöpferkraft und dem Göttlichen in mir versetzte mich in einen Zustand von unendlicher Freude. Wie gerne wäre ich in diesem Bewusstseinszustand geblieben und nicht mehr in die Realität zurückgekommen. Zum Glück hielt der Kurs ja noch viele andere Übungen bereit, wie z.B. Soul to Soul Readings und Jenseitskontakte herzustellen. Man nennt diese Verbindungen auch aktive Medialität.

Aktive Medialität, auch Wahrnehmung genannt, wie Hellsehen, Hellfühlen, Hellhören, Hellschmecken und Hellriechen, inspirierendes Sprechen und Schreiben, finden im Alpha-Zustand unseres Bewusstseins statt.

Bei der Arbeit im Alphazustand ist das Medium aktiv an der Interpretation und Weitergabe der Informationen, die es von der Geistperson erhält und dann an den Empfänger weitergibt, beteiligt.

Das Medium hebt seinen Bewusstseinszustand an und die Geistperson senkt ihren, und wenn beide sich verbinden, hält das Medium diese mentale Verbindung während der gesamten Kommunikation aufrecht. Die Botschaft, die dem Empfänger übermittelt wird, ist immer durch den Geist des

Mediums gefärbt, da das Medium alles, was es sieht, fühlt, hört, schmeckt und riecht, interpretieren muss. Diese Interpretationen hängen natürlich von den Erfahrungen des Mediums ab. Je mehr Wissen und je mehr Erfahrungen ein Medium hat, umso besser kann es von der geistigen Welt genutzt werden.

Beim inspirierenden Sprechen / Schreiben können die Worte von der Seele des Mediums kommen, inspiriert durch die Verbindung zum universellen Bewusstsein, oder das Medium kann einfach von etwas inspiriert werden, von dem es sich berührt fühlt. Die geistige Welt wird die Worte durch den Geist des Mediums übermitteln, das dann die Worte in mündliche / schriftliche Form bringt.

Die geistige Medialität lässt sich in zwei Kategorien einteilen: Wahrnehmung (Jenseitskontakte) und Kontrolle (Trance).

Wie oben schon erwähnt, arbeitet der geistige Kommunikator bei der Wahrnehmung durch den Geist des Mediums, und das Medium ist in der Lage, zu sehen, zu hören, zu fühlen, zu schmecken oder zu riechen, also Bilder, Töne oder Gefühle wahrzunehmen und die empfangenen Informationen an den Empfänger weiterzugeben. All das passiert, ohne dass eine Wahrnehmung über die physischen Organe (Augen, Ohren, Nase etc.) stattfindet.

Man spricht auch von einer objektiven oder subjektiven Wahrnehmung.

Objektive Wahrnehmung z.B. beim Hellsehen, bedeutet, dass das Medium eine Geistperson oder einen Gegenstand so sieht, als ob die Person oder der Gegenstand physisch anwesend wäre. Diese Vision hält vielleicht ein bis zwei Sekunden, bevor sie wieder verschwindet. Natürlich ist die Person nicht körperlich und kann daher kein Licht reflektieren, so, dass die Augen sie sehen können. Deswegen geht man davon aus, dass das Medium den Geist durch die geistigen Augen seines spirituellen Körpers beobachten kann, der das Bild zum bewussten Verstand weiterleitet.

Beim subjektiven Hellsehen befindet sich das Medium in einem eingestimmten Zustand und empfängt ein Gedankenbild von einer Geistperson oder einem Gegenstand. Dieses Bild wird durch seinen Geist in das Bewusstsein übertragen.

In den ersten Übungsstunden übten wir Soul to Soul Readings (Seelenlesungen), d.h. wir haben uns mit der Person, für die wir das Reading machten, über die Aura auf der Seelenebene verbunden und dann gelesen, was im Leben der Person vor sich ging. Hilfsmittel waren das Lesen von Karten, das

Arbeiten mit einem Geruch, einem Gegenstand oder mit Sachen aus der Natur.

Die überwiegende Zahl der Übungsstunden aber verbrachten wir damit, Jenseitskontakte herzustellen. Die meisten in unserer Gruppe waren Anfänger und hatten mehr oder weniger Vertrauen in sich selbst, dass sie die richtigen Informationen weitergaben. Ich glaube, ich muss nicht extra erwähnen, dass ich mich zur letzteren Gruppe zählte, was natürlich verhinderte, dass ich mich voll und ganz auf den Jenseitskontakt einlassen konnte.

Eine Teilnehmerin stellte den Kontakt zu meinem Cousin her, der 20 Jahre vorher unerwartet tödlich mit dem Motorrad verunglückt war. Wir mochten uns sehr und verstanden uns gut, wahrscheinlich auch, weil wir beide die schwarzen Schafe der Familie waren. Er, weil er die Schule in der 11. Klasse abgebrochen hatte, und ich, weil ich die Hälfte der Woche in Discos und auf Weinfesten unterwegs war.

Bei einem Jenseitskontakt ist es wichtig, so viele Details wie möglich über den Verstorbenen weiterzugeben, damit die Person, für die der Kontakt ist, erkennt, um wen es sich handelt. Als die Teilnehmerin mir die Details von meinem Cousin mitteilte, erkannte ich ihn sofort und mir wurde schlagartig bewusst, wie sehr ich ihn vermisste und dass ich meine Trauer einfach vergraben hatte. In diesem Moment hatte ich das Gefühl, dass dieses letzte noch fehlende Teil meines inneren Puzzles nun ein Ganzes formen konnte. Mir liefen die Tränen nur so die Wangen hinunter und ich konnte die Trauer loslassen, die ich 20 Jahre festgehalten hatte.

Diese Readings setzten heilende Prozesse in Gang und zeigten mir, dass ich alte Lasten mit mir herumtrug, die eigentlich keine Bedeutung mehr hatten, und die mich hinderten, ein vorwärtsgerichtetes Leben zu leben, denn der Schmerz war zu groß. Nicht, dass ich daran gezweifelt hätte, aber die Jenseitskontakte waren für mich auch die Bestätigung, dass es ein Leben nach dem Tod gibt, denn unsere Seelenenergie lebt ja weiter.

Als ich dann meinen ersten Jenseitskontakt herstellte, war ich sehr unsicher. Ich wollte alles richtig machen und setzte mich total unter Druck. Die Teilnehmerin, für die ich den Kontakt herstellte, unterstützte mich, indem sie mir beruhigend versicherte, dass es ihr am Anfang genauso ergangen war, und dass es mit der Zeit besser gehen würde. Also ließ ich mich ein.

Und plötzlich war er da, der mir fremde Geruch. Ich roch Creme, Parfüm und Shampoo in verschiedenen Duftnoten. Die Creme hatte einen lilafarbenen veilchenartigen Geruch, während das Shampoo eher den Duft von Maiglöckchen verströmte. Das Parfüm gehörte eher in die Kategorie Echt Kölnisch Wasser. Es fühlte sich an, als wäre ich mit einer Frau verbunden, die nicht in direkter Linie mit der Teilnehmerin verwandt war, also nicht die Mutter oder Schwester.

Ich beschrieb der Teilnehmerin die Person und die verschiedenen Kosmetika mit den Gerüchen und das war der Punkt, an dem meine Klientin erkannte, wer es war. Sie hatte tatsächlich eine Tante, die sich ständig eincremte und sehr auf ihr Äußeres achtete und immer ein Taschentuch, das mit Kölnisch Wasser beträufelt war, in ihrer Handtasche hatte.

Ich war begeistert! Ich hatte die Energie wirklich gerochen. Hatte ich die Fähigkeit hellriechend zu sein? Hatte ich eine außersinnliche Wahrnehmung und konnte den Geruch ohne die Hilfe der Nase wahrnehmen?

Bei der nächsten Übung erwartete ich jetzt natürlich, dass ich wieder etwas riechen würde, aber das war natürlich nicht der Fall, denn jeder Jenseitskontakt ist so einzigartig, wie jede Person in der geistigen Welt einzigartig ist.

Da ich mich ständig neu unter Druck setzte, so viele Informationen von der geistigen Welt zu erhalten wie möglich, fand ich die Jenseitskontakte etwas überfordernd, denn während ich sprach, empfing ich neue Informationen und interpretierte diese direkt in die Botschaft hinein, die ich an die Teilnehmerin weitergab. Dazu kamen meine Zweifel, ob es wirklich die Wahrnehmungen aus der geistigen Welt waren, oder ob ich mir das alles nur einbildete.

Um Klarheit zu bekommen, buchte ich ein Assessment Reading bei einer der Tutorinnen.

Bei einem Assessment Reading verbindet sich das Medium mit der geistigen Welt und mit der Energie der Person, für die das Reading ist, und gibt Orientierungshilfe bezüglich der persönlichen Fähigkeiten und wie die Person ihr Verständnis der geistigen Welt auf dem spirituellen Weg umsetzen kann.

Die Tutorin bestätigte mir, dass ich alle Bereiche der mediumistischen Arbeit ausführen könnte, dass aber meine Ungeduld und mein innerer Kritiker die größten Hindernisse in meiner Entwicklung wären. Der Grundstein, nämlich meine Empathie und das Mitgefühl und Verständnis für andere, wären vorhanden, ich sollte meine Verbindung zur geistigen Welt durch das Sitzen mit der geistigen Welt intensivieren, denn dadurch würde ich auch die Beziehung zu mir selber verbessern und - was noch viel wichtiger sei - ich würde mich selbst lieben lernen auf meiner spirituellen Reise.

Als sie diesen Satz sprach, stach es mir in mein Herz. Ich sollte mich selber lieben? Wusste ich überhaupt, wie das ging? Bis jetzt hatte ich das Gefühl, dass der Rahmen, in dem ich mich bewegte in meinem Leben, von anderen Menschen vorgegeben war, und ich mein Bestes gab, um es allen recht zu machen. Wenn ich es den Anderen nicht recht machte, kritisierte ich ganz selbstverständlich mich selbst dafür, niemals die anderen, und arbeitete daran besser zu werden.

Im Prinzip hatte ich keine „Relationships" sondern „Reactionships" also keine Beziehungen, in denen man agiert und reagiert, sondern ich reagierte immer nur auf das, was andere taten, sagten oder vorschlugen. Ich kam gar nicht auf die Idee, dass ich in einer Beziehung auch leiten konnte. Ich konzentrierte mich darauf, dass es dem anderen gut ging, und das gab mir Bestätigung und Sicherheit. So hatte ich es gelernt. Obwohl ich nie so werden wollte wie meine Mutter, verhielt ich mich doch genauso wie sie.

Als ich aus Stansted zurückkam, war ich hoch motiviert, den Weg des Spiritualismus weiterzugehen. Ich saß jeden Morgen und Abend mit der geistigen Welt und genoss dieses Gefühl des Verbundenseins mit der Schöpferkraft.

Trance

One must wait till it comes.

Arthur Conan Doyle

Nachdem ich meinen ersten Kurs am Arthur Findlay College voller Enthusiasmus abgeschlossen hatte, wollte ich weitere mediale Erfahrungen sammeln und schrieb mich in einen Kunstkurs ein. Ich hoffte, einen besseren Zugang zu meiner Kreativität zu finden, denn die war überlagert von meinem alten Glaubenssatz: Ich bin nicht kreativ, weil ich nicht gut genug bin.

In dem Kurs ging es darum, durch die Verbindung mit der geistigen Welt unsere Kreativität zu entwickeln sowie die Verbindung mit der geistigen Welt durch die Kreativität ausuzudrücken und zu interpretieren. Das war für mich einfacher als direkte Jenseitskontakte herzustellen, weil es durch das Bild, den Druck oder die Musik einen Zwischenschritt gab, der mir ein Reading leichter machte.

Eine Übung hat mich sehr berührt. Wir sollten einen Kontakt zu unserem spirituellen Führer herstellen und diesen dann zeichnen. Ich saß vor meinem Blatt und die Tränen liefen mir nur so die Wangen runter. Ich fühlte eine tiefe Liebe in mir und das Gefühl, dass die Geistige Welt mir zutraute, kreativ zu sein - und mir durch dieses Gefühl klar wurde, dass ich es wert war, kreativ zu sein. Dieses Gefühl der Glückseligkeit konnte ich lange Zeit kultivieren und es ermutigte mich, dem Malen mehr Raum in meinem Leben einzuräumen.

Bei einer Demonstration ihrer Fähigkeiten ging die Tutorin in Trance und malte mit zwei Händen gleichzeitig, die Hände flogen nur so über das Blatt und herauskam das Bild eines Geistführers für eine Kursteilnehmerin. Nach der Session schaute die Teilnehmerin sich das Bild nochmal an und entdeckte französische Worte, obwohl die Tutorin kein Französisch sprach. Ich hatte keine Zweifel, dass dieses Bild durch die geistige Welt gemalt und die Tutorin nur das Instrument war.

Das wollte ich auch lernen, nicht so sehr das Malen in Trance, aber in Trance zu gehen und dadurch das Instrument und die Stimme der geistigen Welt zu werden. **Ich meldete mich also zu einem Trancekurs an und war sehr gespannt.**

Das Wort Trance kommt aus dem lateinischen von transire „hinübergehen, überschreiten" und ist die Bezeichnung für veränderte Bewusstseinszustände.

Die verschiedenen Bewusstseinszustände gehen auf eine bestimmte Ansammlung von elektrischer Energie im Gehirn zurück, den Gehirnwellen. Je nachdem, ob wir aktiv und wach sind oder ob wir schlafen, verändert sich die Energie dieser Gehirnwellen.

Der Beta Zustand ist unser normaler Wachzustand im Hier und Jetzt. Die Logik und unser Verstand arbeiten in diesem Bewusstseinszustand.

Im Alpha-Zustand befinden wir uns, wenn wir entspannt sind, meditieren und einen guten Zugang zu unseren kreativen Kräften haben oder wenn wir uns als Medium mit unserer Fähigkeit des Hellsehens, Hellhörens oder Hellfühlens, etc. befinden.

Der Theta-Zustand oder tiefe Entspannung, ist der Zustand in dem wir uns mit der geistigen Welt in einer leichten Trance befinden.

Wenn wir im Delta-Zustand sind, sind wir im tiefen Schlaf. In diesem Zustand kann aber auch physikalische Medialität stattfinden. Darunter versteht man die Fähigkeit Phänomene herbeizuführen, (z.B. direkte Sprachkommunikation, Levitation, Materialisierung oder Teilmaterialisierung des Geistes, automatisches Schreiben) die es dem Publikum ermöglichen, diese zur gleichen Zeit mit den Sinnen wahrzunehmen.

In der ersten Stunde lernten wir, uns in einen veränderten Bewusstseinszustand zu bringen. Ich musste nichts tun, sondern einfach warten, bis die Energie der geistigen Welt näher zu mir kam und ich mit ihr verbunden war.

Trotzdem war ich frustriert, weil ich dachte, ich müsste die Verbindung auf eine bestimmte Art und Weise spüren, was natürlich nicht passierte. In meinem Ärger schickte ich meine Gedanken ins Universum und sagte der geistigen Welt, dass ich ein Signal brauchte, wenn sie wollten, dass ich Trance weiterverfolgen sollte, denn ansonsten würde ich es aufgeben.

Ich brauchte nicht lange zu warten und spürte die Energie so intensiv und stark, dass ich Nackenschmerzen hatte. Als ich es meiner Tutorin sagte, lachte sie und meinte nur:

„Sag der geistigen Welt, dass sie sich vorsichtiger annähern sollen." Das tat ich und seitdem habe ich einen sanfteren Zugang zur Trance. Außer diesem Erleben tat sich bei mir nicht viel in der ersten Hälfte des Kurses, was mich ärgerte, denn ich wollte doch wissen, wie es wäre, wenn ich in Trance sprechen könnte. Also bat ich die geistige Welt wieder um Unterstützung in meiner Entwicklung.

Am Nachmittag wurde in einem Raum eine Pyramide aus Kupferstangen aufgebaut, da Kupfer die Energie sehr gut leitet. Weil wir so viele Teilnehmer waren, wurde ausgelost, wer in der Pyramide sitzen durfte, und was soll ich sagen, ich war dabei. Mein Wunsch war erhört worden.

Als ich in dieser Pyramide saß, merkte ich gleich, wie sich die Energie aufbaute und wieder spürte ich sie sehr stark an meinen Schultern, wenn auch nicht so extrem wie beim ersten Mal. Ich konnte die ersten Worte sprechen. Damals lebte ich noch in dem Modus: „Das kann ich nicht." Jetzt zeigte mir aber die geistige Welt, dass ich es konnte, und das berührte mich innerlich sehr.

Trance ist passive Medialität. Das Medium befindet sich in einem kontrollierten Zustand, also in einem passiven Geisteszustand. Das setzt natürlich ein tiefes Vertrauen zwischen dem Medium und der geistigen Welt voraus. Man kann es als eine vertrauensvolle Zusammenarbeit zwischen zwei Intelligenzen betrachten. Der eine Geist erlaubt dem anderen Geist, durch ihn zu wirken.

Der Begriff „Kontrolle" bedeutet nicht, dass der Kontrollgeist für alles zuständig ist und das Medium nicht. Im Gegenteil, das Medium übernimmt die volle Verantwortung dafür, wie es die Gedanken in Worte fasst.

Trance, hat viele verschiedene „Ebenen" und Tiefen, die vom Zustand des „Überschattens" (Alpha-Zustand) bis zur „tiefen Trance" (Theta-Zustand) reichen.

Das Medium ist passiv, wenn es in einem kontrollierten Zustand arbeitet. Durch das Zurücktreten des bewussten Verstandes kann der Geist das Medium kontrollieren und das Medium ist der passive Beobachter. Bei den leichteren Formen von Trance, der sogenannten Teilkontrolle, ist sich das Medium bewusst, was gesagt wird, hat aber keine Kontrolle über den Inhalt der Kommunikation. Die Rolle des Mediums besteht darin, dem Geist zu ermöglichen, einen Informationskanal zu schaffen, durch den die Informationen fließen, ohne vom Medium analysiert zu werden.

Es muss jedoch erwähnt werden, dass die Transkommunikation nie zu 100% vom Geistkommunikator kommt, sondern dass das Medium diese Kommunikation mit seinem eigenen Bewusstsein und dem Wissen, das es besitzt, färbt. Die Kommunikation wird durch das Unterbewusstsein zum Bewusstsein geleitet, wo sie in Worte übersetzt wird, die der Grund für die Färbung durch das Medium sind.

Judith Seaman erklärt dies in ihrem Buch „Trance Medialität" wie folgt: „Eine Trancekommunikation kommt nie zu 100 % aus der Geisterwelt, weil sie durch das Gehirn des Mediums weitergeleitet wird. Es ist so, als ob klares Wasser durch ein Gefäß läuft, das vorher rote Farbe enthielt. Es wird immer ein kleiner Anteil an roter Farbe in der Flüssigkeit sein, wenn sie durch dieses Gefäß läuft. Das Gehirn des Mediums färbt die Kommunikation auf die gleiche Weise."[4]

Die Informationen, die von einem Geist durch ein kontrolliertes Medium gegeben werden, sollten immer bewertet werden, und nicht selten wird sich herausstellen, dass das Medium keine Kenntnis von dem hatte, was gesprochen wurde.

Im Theta-Zustand, dem tiefen Trancezustand, ist sich das Medium der Vorgänge weniger bewusst und der Geistverstand wird dominanter. Der logische Verstand des Mediums wird fast vollständig unterdrückt, das Medium überlässt sich dem Geistteam.

Diese Hingabe erlaubt es, dass das Sprechen oder Schreiben eher vom Geistteam als vom Medium ausgeht, was der Fall ist, wenn das präsentierte Wissen über das Wissen des Mediums hinausgeht und der Dialog in allen Aspekten beweiskräftig ist.

---

[4] Seaman Judith, Trance Medialität, Erstveröffentlichung 2008, SDU Publications, 2008,– S. 51

Einer dieser Aspekte könnte sein, dass die Anwesenheit des Geistkommunikators von den Zuhörern wahrgenommen wird. Die Sprechweise des Mediums verändert sich ebenso wie die Körpersprache, was den Eindruck erweckt, dass das Medium eine völlig andere Person ist.

Im Zustand der tiefen Trance kontrolliert der diskarnierte Geist den Körper des Mediums. Dies bedeutet jedoch nicht, dass der diskarnierte Geist den physischen Körper des Mediums in Besitz nehmen kann. Die Kontrolle ist rein mental und wenn der Geist die Kontrolle über den Geist des Mediums übernimmt, kontrolliert er die Körperbewegungen, den Gebrauch der Arme und Beine sowie den Gebrauch der Stimmbänder. In diesem tiefen Trancezustand hat das Medium immer die Kontrolle über sich selbst und kann niemals gezwungen werden, etwas gegen seinen Willen zu tun.

Auch in der Trance Medialität macht das Medium die Erfahrung, dass jede Trance-Demonstration anders ist und dass das Ausmaß der Erinnerung an das Gesagte oder Geschriebene von einer Demonstration zur anderen variiert.

Spiritualist Healing

When the soul heals, the issues of the body
disappear like they never happened

Pavan Mishra

Nach diesen anfänglichen Erfahrungen mit meiner Medialität entschied ich mich für die Ausbildung zum Heilmedium bei der Spiritualist National Union (SNU). Aufgrund meiner Lebensgeschichte war das nur die logische Konsequenz, denn Empathie für Andere und ein gewisses Kümmer-Gen hatte ich ja seit meiner Kindheit praktiziert und in meinem Leben manifestiert.

Heilung gehört wie Trance zur passiven Medialität, d.h. die Heilenergie fließt durch das Medium, ohne dass es irgendwelche Resultate erwartet.

Heilpotenzial

Das Potenzial zu heilen liegt in jedem Menschen. Wir zeigen es durch Eigenschaften wie Empathie, Liebe und indem wir für Andere da sind, wenn sie uns brauchen, wie z.B. die Mutter, die die Hand des Kindes hält, wenn es gefallen ist, oder die Hand auf die Stirn legt, wenn es Kopfschmerzen hat.

Das heißt natürlich nicht, dass man ein Heilmedium werden muss, um anderen zu helfen. Obwohl wir umgangssprachlich vom Heiler sprechen, ist das Wort Heilmedium treffender, denn der Heiler selbst heilt nicht. Der Akt der Heilung wird von den Heilenergien der geistigen Welt übernommen und fließt durch das Heilmedium zum Klienten. Im Spiritualismus sagt man dazu: „Vom Geist - durch den Geist - zum Geist", also von der geistigen Welt durch das Medium zum Klienten.

Möchtest du dein Heilpotenzial entwickeln oder besser gesagt entfalten, dann solltest du bereit sein, es mit innerer Leidenschaft zu leben und den Weg des lebenslangen Lernens und der Weiterentwicklung zu beschreiten.

Die wichtigste Aufgabe des Heilmediums ist die kontinuierliche Verbesserung der Einstimmung, des 'sich Einschwingens' auf die Frequenzen der geistigen Welt sowie auf den Klienten. Hierunter versteht man die Qualität der Verbindung mit den Heilenergien der geistigen Welt. Das ist natürlich ein sehr individueller Prozess, denn es gibt keine Regeln oder Anweisungen, wie man ein gutes Heilmedium wird.

Es hängt von der Entschlossenheit des Heilmediums ab, wie schnell und intensiv es seine Heilfähigkeiten entwickeln möchte. Dabei kann es sich von dem leiten lassen, was es in

Kursen lernt oder was es in Büchern liest. Was aber genauso wichtig ist, ist das regelmäßige Praktizieren mit den Menschen. Meditation oder das Sitzen mit der geistigen Welt helfen dem Heilmedium seine Gaben und Talente zu entdecken.

Das Wissen und die persönliche Arbeitsweise des Mediums setzt Gedankenwellen (Schwingungen) zu höheren Frequenzen in Bewegung, die es den Kräften des Universums ermöglichen, entsprechend der Evolution des Mediums zu wirken.

Unsere Gedanken sind mächtige kosmische Wellen, die den Menschen auf geistiger, mentaler, emotionaler und körperlicher Ebene beeinflussen. Sie steuern nicht nur unsere Gefühle und Handlungen, sondern auch unsere biologischen und chemischen Körperprozesse (z.B. beeinflussen Eifersucht und Ärger die Energie unserer Leber). Je mehr wir also an unsere perfekte Gesundheit denken, desto näher kommen wir ihr.

Wichtig ist, dass das Heilmedium während der Zeit, in der die Heilbehandlung stattfindet, als Brücke fungiert, damit die Heilenergie zwischen der Geistigen Welt und dem Patienten fließen kann. Es sollten keine mentalen Prozesse ablaufen, die die Heilenergie blockieren könnten.

Jedes Heilmedium wird seine einzigartige Einstimmung und Heilung praktizieren. Man kann es mit einem Künstler vergleichen. Der Künstler lernt, Farben zu mischen oder die Leinwand vorzubereiten, aber wie er sein Bild malt, ist seine individuelle Entscheidung und kommt aus dem Inneren des Künstlers. Das Gleiche gilt für das Heilmedium.

Wie sich das Heilmedium auf die geistige Welt einstellt und wie es seine Arbeitsweise entwickelt, ist seine eigene Entscheidung und hängt von seiner Erfahrung und seinem Lernen ab. Jedes Heilmedium hat seine eigenen Vorlieben und sollte diese unbedingt kultivieren, um sicherzustellen, dass es sein Heilungspotential bestmöglich entwickelt und so der geistigen Welt am besten dient.

Die Qualität einer Heilsitzung hängt von der Qualität der Einstimmung ab. Das Heilmedium muss sein Energieniveau anheben und die geistige Welt ihres herabfahren, damit die Energien sich bei einer bestimmten Frequenz treffen können. Die heilenden Energien sind von hoher Frequenz und je höher und feiner die Einstimmung ist, desto höher ist die Frequenz der heilenden Kraft, die das Heilmedium erreichen kann.

Man kann also sagen, durch die Einstimmung wird der bestmögliche Kanal geschaffen, durch den die heilende

Energie funktionieren kann. Das Heilmedium agiert als Brücke zwischen den heilenden Energien der Geistigen Welt und des Klienten.

Es ist essentiell, dass das Heilmedium die Verbindung zur geistigen Welt während der Heilsitzung aufrechterhält, und darauf vertraut, dass alles, was zwischen dem Klienten und der Geistigen Welt passiert, in diesem speziellen Moment das Richtige ist, denn wenn das Heilmedium Zweifel hat, wird die Heilkraft nicht das volle Potenzial entfalten.

Die Verschmelzung mit der Energie des Klienten ist der erste Teil des Einstimmungsprozesses der Heilsitzung. Dies ist normalerweise psychischer Natur. Es ist die Fähigkeit, mit dem Inneren des Klienten in Kontakt zu treten, eine Verschmelzung der Energie von Seele zu Seele.

Danach richtet sich die Einstimmung auf die Geistige Welt, die mit dem Heilmedium verschmilzt und die Verbindung zum Klienten nutzt, um die Heilenergie in die Aura des Klienten zu bringen.

Sobald sich das Heilmedium auf die spirituellen Energien eingestimmt hat, fließen die erforderlichen Heilkräfte „vom Geist – durch den Geist – zum Geist".

Das Heilmedium muss nicht wissen, warum die Klienten zu ihm kommen, denn die Heilung findet auf allen Ebenen statt, der physischen, mentalen, emotionalen und spirituellen Ebene. Die geistige Welt arbeitet mit dem Energiekörper, der Aura.

Ein weiteres sehr wichtiges Element einer erfolgreichen Behandlung liegt beim Klienten, denn er oder sie müssen offen dafür sein, die Heilenergie zu empfangen. Nun denkst du vielleicht, dass das wohl automatisch der Fall ist, denn sonst würde der Klient ja nicht zu mir kommen. Das muss aber nicht immer so sein.

Ich hatte diesen Fall bisher nur einmal. Eine Klientin von mir buchte eine Heilsitzung für ihre Freundin, weil diese an einer Lungenkrankheit litt. Beide kamen zu dem besagten Termin. Es stellte sich heraus, dass meine Klientin ihre Freundin überredet hatte, eine Heilsitzung auszuprobieren. Beim Einführungsgespräch merkte ich schon eine Skepsis, die stärker war als das normale Unwohlsein, wenn man nicht weiß, wie eine Heilsitzung abläuft. Obwohl die Freundin bestätigte, dass sie gerne eine Heilsitzung erhalten möchte, merkte ich während der Behandlung, dass die Energie nicht angenommen wurde. Aber auch hier gilt, die Entscheidung der Klienten anzunehmen, denn sie dürfen sich entscheiden, wie sie wollen.

Bevor eine Krankheit in unserem Körper sichtbar wird, manifestiert sie sich in unserer Aura. Ich bin deshalb ein Verfechter dafür, die Geistheilung präventiv anzuwenden, damit Körper, Geist und Seele im Einklang miteinander bleiben und sich somit keine Krankheit im Körper manifestieren kann.

Ganzheitliche Heilung.

Silver Birch[5] gibt uns die folgende Beschreibung von Ganzheit.

„Sie werden krank, wenn die natürliche Einheit zwischen Körper, Geist und Seele aus dem Gleichgewicht geraten ist. Gesundheit ist Ganzheit. Wenn Körper, Geist und Seele im richtigen Verhältnis zueinander stehen, macht man sich keine Sorgen. Die Seele, die sich Sorgen macht, ist bereits aus der Harmonie geraten. Sorge und Angst sind die negativen

---

[5] Silver Birch war der spirituelle Lehrer aus der geistigen Welt, der durch Maurice Barbanell sprach. Barbanell war Gründer und Herausgeber der wöchentlich erscheinenden spiritistischen Zeitung Psychic News und widmete sein Leben ein halbes Jahrhundert lang der Verbreitung spirituellen Wissens durch Kolumnen und andere Publikationen.

Kräfte. Es gibt nichts zu befürchten, wenn Sie wissen, dass Sie ein ewiges Wesen sind."[6]

Bei der Heilsitzung werden Körper, Geist und Seele behandelt, um die Gesundheit (Ganzheit) des Menschen wieder herzustellen. Wenn Klienten zu mir kommen, dann erhoffen sie sich natürlich Erleichterung, vielleicht von ihren Schmerzen oder ihrem Unwohlsein etc. Das sind allerdings nur Symptome. Wir wissen nicht, was die tiefere Ursache für die Schmerzen oder das Unwohlsein ist.

Das Gute daran ist: Wir müssen es auch nicht wissen, denn die intelligente Heilenergie der geistigen Welt weiß genau, auf welcher Ebene sie arbeiten muss, damit es der Person wieder besser geht.

Eine Behandlung ist natürlich keine einmalige Lösung. Durch das Geistheilen werden alle Ebenen unseres Seins angesprochen und der Klient geht auf eine Reise zu sich selbst. Er sucht nach Antworten, um letztendlich besser und gesünder zu leben und seine Ganzheit wiederherzustellen.

---

[6] Silver Birch Questions and Answers edited by Stan A. Ballard & Roger Green, first published 1998, reprinted 2001, 2004, 2010, London, Spiritual Truth Press, "Silver Birch quotations are reproduced by permission from the copyright holders, the Spiritual Truth Foundation."

Wenn die Heilenergie die Seele des Klienten berührt und ihm ermöglicht, sich selbst zu finden, kann eine Bewusstseinsbildung beim Klienten einsetzen, die ihn über alle seine Lebensbereiche reflektieren lässt, damit Körper, Geist und Seele gesund bleiben.

Ganzheitliche Heilung ist eine fortwährende Entdeckungsreise auf der Suche nach weiteren Antworten und gibt uns die Gelegenheit besser zu leben, gesünder zu sein und nach Ganzheit zu streben.

Verschiedene Heilmethoden:

Im Spiritualistischen Heilen unterscheidet man zwischen drei unterschiedlichen Heilmethoden: Der Kontaktheilung, der Distanzheilung und der Fernheilung.

Vor der Corona Pandemie war die Kontaktheilung, bei der das Heilmedium die Hände direkt auf die Schultern des Klienten legt, wahrscheinlich die meistverbreitete Art eine Behandlung durchzuführen.

Als akkreditiertes Heilmedium der Spiritualist National Union (SNU) praktiziere ich Spiritualistisches Heilen nach dem Verhaltenskodex der SNU, d.h. zuerst führe ich ein Einführungsgespräch mit den Klienten und frage, ob sie schon einmal eine Behandlung bekommen haben oder ob sie wissen, wie eine Heilbehandlung abläuft. Die Menschen, die zum ersten Mal kommen, haben entweder keine oder nur eine vage Vorstellung vom Ablauf der Heilbehandlung. Ich erkläre dann Schritt für Schritt, was ich tue, und die Klienten werden nach und nach entspannter und können so die Heilenergie besser annehmen. Natürlich mache ich die Klienten darauf aufmerksam, dass die Heilbehandlung weder den Arzt noch die Medikamente ersetzt, sondern dass sie ergänzend ist.

Nicht alle Klienten finden es angenehm, wenn jemand Fremdes sie berührt, deswegen ist es sehr wichtig, dass die Klienten vorher ihr Einverständnis geben, dass ich meine Hände auf ihre Schultern, oder auf die Hände lege. Falls der Patient nicht berührt werden möchte, wechsele ich zu Distanzheilung (siehe unten).

Bei der Kontaktheilung stelle ich die Verbindung zwischen dem Klienten und mir her. Dieser Verbindung zugrunde liegt mein innerer Wunsch zu helfen. Diese Intention stärkt die Verbindung zum Klienten. Danach stimme ich mich auf die spirituellen Energien ein und die spirituelle Welt übernimmt die Heilung.

Durch die Corona Pandemie wurde die Distanzheilung immer wichtiger. Es bedeutet, dass der Klient zwar im selben

Raum sitzt, doch zwischen Heilmedium und Klient besteht eine bestimmte Distanz, z.B. zwei Meter Abstand, wie es während der Pandemie gefordert war. Zur kontaktlosen Heilung zählen wir heute auch die live Online-Sessions, wie wir sie durch Zoom kennen.

Der Computer bringt die Menschen in einem Raum zusammen, doch die Heilung findet kontaktlos statt. Auf meiner Webseite www.Seeknomore-become.com kannst du dich kostenlos zu solchen Online Healing Sessions einschreiben und dann selbst erfahren, wie die kontaktlose Heilung wirkt.

Bei der Fernheilung befindet sich der Klient nicht im selben Raum wie das Heilmedium, sondern ist bei sich zu Hause oder sogar im Krankenhaus. Die Fernheilung vereint die Kraft der Intention, des Denkens und die Kraft des Gebets. Beten ist das Mittel, mit dem sich das Heilmedium auf höhere Kräfte einstimmt.

Ich kann verstehen, wenn du skeptisch bist, ob das alles so funktioniert, aber meine Erfahrungen mit Fernheilung sind absolut positiv. Sobald das Heilmedium den Gedanken aktiviert zu heilen, also den Wunsch das höchste zu erreichen, was die Seele erreichen kann, ist dieser Gedanke real auf der feinstofflichen Ebene, denn der Gedanke wird als eine Frequenz bzw. Schwingung direkt wahrgenommen.

Fernheilung ist sehr nützlich in Fällen, in denen die Klienten nicht reisen können, um Kontaktheilung zu erhalten. Sie werden durch die Fernheilung darauf aufmerksam gemacht, dass es irgendwo jemanden gibt, der sich um sie „kümmert". Es kann für das Heilmedium hilfreich sein, durch ein Foto eine persönliche Verbindung zum Patienten zu haben.

Selbstheilung:

Natürlich kannst du dir auch selbst Heilung geben. Ich spreche ein kurzes Gebet, in dem ich um Heilung auf allen verschiedenen Ebenen (körperlich, mental, emotional und spirituell) bitte. Durch das Gebet kann ich mich besser einstimmen. Es ist aber dir überlassen, ob du ein Gebet formulierst oder deine eigene Intention formulierst.

Konzentriere dich auf deinen Atem und bringe ihn in einen Rhythmus, der das Ein- und Ausatmen fließend macht. Das dauert vielleicht 2-3 Minuten. Wenn du möchtest, kannst du die Wörter Liebe beim Einatmen und Heilung beim Ausatmen innerlich sagen. Danach verbindest du dich mit deinem inneren Licht (Geist) und lässt es mit jedem Atemzug wachsen, bis du dich mit den Heilenergien verbunden fühlst.

Du kannst dir vorstellen, dass dein Licht sich mit dem Licht der geistigen Welt verbindet. Jetzt empfängst du die Heilenergien und lässt sie wirken. Du bist in einer mentalen Harmonie, die deiner Gesundheit zuträglich ist.

Wenn du fühlst, dass der Energiefluss stoppt, kannst du dich bei der geistigen Welt bedanken und deine Aufmerksamkeit wieder in den Raum zurückbringen, deine Hände und Füße bewegen und erst danach wieder die Augen öffnen. Lass dir dafür genügend Zeit.

Philosophie

None can teach you; none can make you spiritual.
There is no other teacher but your own soul.

Swami Vivekananda

Ich weiß, dass man mit Religion heutzutage niemanden mehr hinter dem Ofen hervorlockt, aber was hieltest du von einer Religion, die dich ermuntert, alles zu hinterfragen, um zu deinen eigenen Erkenntnissen zu gelangen? Durch deine Eigenverantwortung zu erkennen, dass du dein Paradies schon auf dieser Erde leben kannst und nicht warten musst, bis du stirbst.

Und was, wenn dir diese Religion die Weiterentwicklung deiner Seele über den Tod hinaus näherbrächte, durch die Verbindung mit der geistigen Welt und zu deinen Verstorbenen? Sie dir Hoffnung brächte, dass das Leben nach dem Tod weitergeht und deine Seele sich weiterentwickelt? Wenn du erkennen würdest, dass die geistige Welt dich führt und leitet? Eine Religion, die einen liebenden Gott propagiert, der Sinn und Bedeutung in dein Leben bringt. Wärst du dann offen, dich auf diese Religion einzulassen?

Ich habe mich darauf eingelassen. Als ich im Arthur Findlay College zum ersten Mal die ‚7 Prinzipien' des Spiritualismus las, war ich beeindruckt.[7]

Die 7 Prinzipien lauten:

Die Vaterschaft Gottes (Die Essenz des Lebens)

Die Bruderschaft der Menschen (Einheit des Lebens)

Die Gemeinschaft der Geistwesen und die Unterstützung durch die Engel (Möglichkeit zur Kontaktaufnahme)

Die fortwährende Existenz der menschlichen Seele (Ewigkeit des Lebensgeistes)

Persönliche Verantwortung (Pflichtbewusstsein im Leben)

Lohn und Vergeltung für alle guten und schlechten Taten auf der Erde (Ansporn zu guten Taten)

Ewiger Fortschritt für jede menschliche Seele (Aussicht auf Weiterentwicklung)

Alles schien so einfach. Kein erhobener Zeigefinger, der mich darauf aufmerksam machte, was ich durfte und was nicht. Ich las darin die Ermutigung, in Eigenverantwortung zu leben, alles zu hinterfragen, neue Erfahrungen mit der Welt des

---

[7] Oates Berry, 21st-Century View of the Seven Principles of Spiritualism, Spiritualist National Union, 2017, S. 1-12

Unsichtbaren zu machen, mich mit der universellen Intelligenz, also Gott, auseinanderzusetzen und mich zu fragen, wie ich das alles in mein tägliches Leben integrieren kann zum Wohle der Allgemeinheit.

Wie kann ich nach einer Ethik leben, anstatt nach Dogmen? Das geht nur, wenn ich aus der Liebe zu Gott und meinen Mitmenschen heraus handele, meine Wahrheit lebe und alle Menschen annehme für das, was sie sind, nämlich Geschöpfe Gottes, und nicht für das, was sie repräsentieren. Da alle Menschen von derselben universellen Quelle kommen und denselben Geist in sich tragen, können wir es uns also ersparen, andere Menschen mit Labels zu versehen, denn wir sind alle eine große Familie. Es spielt keine Rolle, welche Nationalität, Hautfarbe oder Glaube ein Mensch hat, wenn wir ihn von diesem liebenden Ort der Großherzigkeit in uns aus wahrnehmen und behandeln.

Wenn ich alle Menschen als Geschöpfe Gottes annehme, und ich keine Bewertung oder Beurteilung der Person in meinen Gedanken zulasse, sondern in meinen Gedanken die Grundeinstellung der liebenden Güte und Großherzigkeit praktiziere, wird diese Person das fühlen und dementsprechend reagieren. Indem ich meine innere Fülle, an andere weitergebe, lerne ich nicht nur zu geben, sondern auch zu empfangen, denn diese Fülle zirkuliert und kommt wieder zu mir zurück und bringt dadurch das notwendige Gleichgewicht in mein Leben.

Alle Religionen glauben an ein Leben nach dem Tod. Der Spiritualismus kann durch die Kommunikation mit unseren Verstorbenen eine Brücke ins Jenseits schlagen. Das Medium stellt die Verbindung her und gibt denen eine Stimme, die sich selbst nicht mehr ausdrücken können. Diese Kommunikation entsteht in Zusammenarbeit mit der geistigen Welt.

Durch das Sitzen mit der geistigen Welt, dass ich seit meinem ersten Aufenthalt am Arthur Findlay College praktizierte, öffnete sich mein Herz und ich fühlte mich glücklich und freudig verbunden mit dem Universum. Ich spürte tief in meinem Inneren die Liebe, Großherzigkeit und die Verbundenheit mit Gott und konnte viele meiner angesammelten alten Gefühle der Trauer loslassen.

Ich erkannte, dass ich meine totgeborenen Geschwister vermisste und Sehnsucht nach ihnen hatte, ohne dass es mir bis zu diesem Tage bewusst gewesen war. Ich spürte diese tiefe Verbindung zu meiner Schwester, die sich entschieden hatte, doch nicht in diese Welt geboren zu werden. Mein Herz lief über vor Liebe und Freude, weil wir uns zumindest energetisch nähergekommen waren. Ich weinte ausgiebig und merkte, wie mein Solarplexus sich entspannte. In einem kurzen Moment wurde mir bewusst, dass Heilung stattgefunden hatte. Gleichzeitig spürte ich, wie das Gefühl der Verletzlichkeit, dem Gefühl der Intimität und Freiheit wich. Alles war gut, so wie es war.

Wenn du auch lernen möchtest, mit der geistigen Welt zu sitzen, und dabei die tragende Energie einer kleinen familiären Gruppe schätzt, dann lade ich dich ein, dich auf meiner Webseite www.Seeknomore-become.com einzuschreiben.

Nach dem Tod des physischen Körpers lebt der Geist als integraler Bestandteil in einer Welt weiter, die unsere physische Welt in einer anderen Dimension durchdringt. Wir nennen es die geistige Welt.

Der physische Körper ändert lediglich seine Erscheinungsform. Der Geist ist Energie und daher unzerstörbar. Im Leben danach sind wir in jeder Hinsicht dieselben Individuen mit denselben Persönlichkeiten und Eigenschaften. Wir können uns trotzdem verändern, indem wir uns weiterentwickeln. Unsere persönliche Verantwortung hört nicht mit dem physischen Tod auf.

Als Spiritualist glaube ich, dass Jesus ein großer Heiler war, aber nicht, dass er uns von unseren Sünden erlöst. Das können wir nur selber tun, indem wir nach unserem Tod in Rezension mit uns selber gehen. Wir haben die Freiheit der Wahl und die Fähigkeit, zwischen richtig und falsch zu unterscheiden, und deshalb sind wir allein für alle unsere Worte, Handlungen und Gedanken verantwortlich auf dieser Welt und in der nächsten.

Die spirituelle Entwicklung eines Menschen hängt ganz von ihm selbst ab. Die Entscheidung, seiner Verantwortung gerecht zu werden, verbindet jeden Menschen mit den positiven Kräften des Guten und verändert somit auch das Umfeld.

In jedem Menschen gibt es den Wunsch nach Weiterentwicklung, und zu jedem menschlichen Geist gehört die Kraft, in Weisheit und Liebe voranzukommen. Wenn wir im Erdenleben unser Bestes tun, um unseren inneren Eingebungen oder Intuitionen zu folgen, wird uns der Fortschritt leichtfallen, sowohl auf der Erde als auch in der geistigen Welt.

Persönliche Verantwortung zu übernehmen, bedeutet auch anzuerkennen, dass es keine höhere Macht gibt, die für meine Gedanken, Worte und Handlungen verantwortlich ist. Ich entscheide selbst, ob ich den richtigen Weg einschlage, indem ich anerkenne, dass die Art und Weise, wie ich mich verhalte, nicht nur einen Einfluss auf mich und mein Leben nach dem Tod hat, sondern auch auf die Menschen um mich herum in dieser Welt.

Persönliche Verantwortung bezieht sich auf das göttliche Gesetz von Ursache und Wirkung, das besagt: „Wie wir säen, so werden wir ernten". Die persönliche Verantwortung gibt uns die Kraft, unser Leben in die Hand zu nehmen und den Sinn unseres Lebens zu leben.

Ein Teil unserer persönlichen Verantwortung umfasst die individuelle Verantwortung, d.h. die Art und Weise, wie wir mit den uns nahestehenden Personen (Angehörige, Verwandte und Freunde) umgehen. Ein weiterer Teil ist die Gruppenverantwortung, also die Art und Weise, wie wir handeln und uns in der lokalen Gemeinschaft engagieren. Des Weiteren gibt es noch die kollektive Verantwortung, d.h. die Sichtweise, die wir auf die Welt haben, die Art und Weise, wie wir zum Wohlergehen anderer beitragen können und wie wir für die Menschheit, die Umwelt und die Tierwelt von Nutzen sind.

Wenn ich den ersten Grundsatz „Die Vaterschaft Gottes / Essenz des Lebens" mit meiner persönlichen Verantwortung verbinde, erkenne ich an, dass Gott jenseits aller Form ist, dass er sich aber durch jeden von uns als individueller Ausdruck des Ganzen manifestiert. Wir leben ein physisches Leben mit allen Schwierigkeiten, Freuden und Sorgen, während wir gleichzeitig unser geistiges Selbst mit dem Bewusstsein Gottes erforschen und erweitern. Das Physische und das Spirituelle können in einem menschlichen Körper nicht getrennt werden. Das Licht Gottes ist in uns allen, auch wenn es in unterschiedlicher Intensität erleuchtet sein mag. Je nach Intensität kultivieren wir dieses Gottesbewusstsein, das uns inspiriert und unsere geistige Entwicklung fördert. Wir lernen zu lieben und geliebt zu werden, zu geben und zu empfangen, zu dienen und Unterstützung zu empfangen. Diese Handlungen bereichern unsere Seele und geben unserem Leben einen größeren Sinn. Inwieweit wir das zulassen, liegt natürlich in unserer persönlichen Verantwortung.

Bei dem Grundsatz „Brüderlichkeit der Menschen" und unserer persönlichen Verantwortung geht es darum, wie wir mit der Menschheit zusammenleben. Wir sollten die Liebe Gottes, der Essenz des Lebens, teilen und Verständnis und Toleranz untereinander fördern, indem wir die Fehler und Unvollkommenheiten von uns und anderen akzeptieren. Eine einfache Lebensweisheit lautet: „Was du nicht willst, dass man dir tut, das füg' auch keinem andern zu". Unser Ziel sollte immer sein, Feindseligkeit und Feindschaft zu überwinden und zu lernen ohne Vorbehalte zu lieben. Lieben ohne Vorbehalte bedeutet auch, zu akzeptieren, dass die Art und Weise, wie manche Menschen ihr Leben leben, vielleicht nicht mit unserer Art zu leben übereinstimmt, trotzdem müssen wir anerkennen, dass es die Erfahrung der anderen ist, nicht unsere. Deshalb müssen wir manchmal Abstand nehmen und zusehen, wie andere sich selbst schaden, damit sie ihre eigenen Erfahrungen machen können, wie ich schmerzlich durch die Sucht meiner Tochter gelernt habe.

Das dritte Prinzip „Die Gemeinschaft der Geister und der Dienst der Engel" ermöglicht es den Geistwesen, diejenigen zu lehren, zu führen und ihnen Botschaften der Liebe und Unterstützung zu geben, mit denen sie sich in der materiellen Welt verbinden.

Wenn wir als Medium mit der geistigen Welt Kontakt aufnehmen und Botschaften an die Hinterbliebenen weitergeben, liegt es in unserer persönlichen Verantwortung, welche Worte wir wählen und welche Informationen wir dem Empfänger übermitteln. Wir sollten nie vergessen, dass es schmerzhaft sein kann für die Hinterbliebenen, von ihren Verstorbenen zu hören, denn nicht alle Verbindungen waren liebevoll und positiv. Umso wichtiger ist es, dass wir behutsam mit den Botschaften sind. Da sich die Seelen der

Verstorbenen auch nach dem Tod weiterentwickeln und sie durchaus ihre Fehler während ihrer Anwesenheit in der physischen Welt anerkennen können, kann durch diese Botschaft Heilung bei den Hinterbliebenen einsetzen und Vergebung stattfinden.

Desweiteren müssen wir auch verstehen, dass wir die geistige Welt nicht als Ausrede benutzen können und die Verantwortung, die wir in unserem Leben haben, selbst wahrnehmen müssen. Damit meine ich, dass wir unsere täglichen Entscheidungen selbst treffen müssen, anstatt darauf zu warten, dass die geistige Welt die Entscheidungen für uns trifft. Die geistige Welt wird uns jedoch immer in unserem täglichen Leben unterstützen und leiten bei unseren Entscheidungen, wenn wir sie darum bitten, aber sie treffen keine Entscheidungen für uns. Wir wollen doch leben und nicht gelebt werden.

Der vierte Grundsatz „Die kontinuierliche Existenz der menschlichen Seele" besagt, dass jeder Mensch durch die Art und Weise, wie er auf der Erde lebt, den Ort vorbereitet, an dem er sich nach dem Tod wiederfinden wird. Für einige kann es ein glücklicher Ort sein, für andere ein dunkler Ort. Unsere persönliche Verantwortung, wie wir unser Leben auf der Erde leben, beeinflusst die Qualität unseres Lebens nach dem Tod.

Wir sollten ein Leben führen, in dem wir uns selbst und andere respektieren und das Beste für uns selbst fordern, während wir anderen helfen, das zu erreichen, was für sie das Beste ist. Wir können nur unser eigenes Leben leben, aber wir können das Leben anderer beeinflussen, indem wir ein gutes oder schlechtes Beispiel geben und anderen Menschen und Gemeinschaften dienen oder nicht. Das, was wir jetzt tun, bereitet uns auf das Leben vor, das wir nach dem Tod genießen oder ertragen werden.

Der sechste Grundsatz „Wiedergutmachung und Vergeltung im Jenseits für alle guten und bösen Taten auf Erden" bedeutet in Bezug auf die Selbstverantwortung, dass wir für alle unsere Handlungen, Gedanken und Worte verantwortlich sind und dass sie Auswirkungen auf unser physisches Leben sowie auf unseren spirituellen Fortschritt haben werden. Wir sind die Einzigen, die den Grund für unsere Handlungen kennen.

Wenn wir in der physischen Welt gegen das Gesetz verstoßen, wird dies von Gerichten oder anderen juristischen Behörden verfolgt. In der geistigen Welt gibt es keinen Himmel und keine Hölle, sondern nur Stufen der geistigen Evolution. Wenn wir in die geistige Welt übergehen, können wir nur so weit gehen, wie es der Ebene des geistigen Verständnisses entspricht, die wir zu diesem Zeitpunkt erreicht haben. Aber auch in der geistigen Welt haben wir die Wahl, dort zu bleiben, wo wir spirituell stehen, oder mehr zu lernen und weiterzugehen. Die Wahl, die wir treffen, bestimmt, ob wir in unserer Erleuchtung vorankommen oder untätig bleiben.

Das siebte Prinzip „Ewiger Fortschritt steht jeder menschlichen Seele offen" trifft für jede Seele zu, die sich entscheidet, die Herausforderung des spirituellen Fortschritts anzunehmen. Es liegt in unserer persönlichen Verantwortung, zu akzeptieren (oder auch nicht), weitere Fortschritte zu machen und Arbeit zu leisten, um eine größere spirituelle Evolution zu erreichen. Dieser persönliche Wille und diese Entschlossenheit sind die Eckpfeiler dafür, wann und wie der Fortschritt erreicht wird. Uns ist unbegrenzte Zeit gegeben, um unser spirituelles Potenzial zu entwickeln, und während wir uns entfalten, werden wir diese unbegrenzte Zeit mit erleuchteten Seelen teilen, die mit der Aufgabe betraut wurden, uns auf unserem Weg zu unterstützen.

Gott ist Liebe, versteht unsere Bedürfnisse, weiß, dass wir nicht perfekt sind und dass wir in unserem Leben mit Schwierigkeiten zu kämpfen haben. Dennoch liebt er uns, und das ist die Botschaft, die wir in die Welt tragen sollten.

Wenn du dich nun fragst, muss ich wirklich an Gott glauben, um ein guter Mensch zu sein? Silver Birch sagt Nein. Gott ist es egal, ob du an ihn glaubst oder nicht, das Wichtigste sind deine Taten, die du in freier Wahl selber ausführst.

Wenn du mehr über die ‚7 Prinzipien' wissen möchtest, dann empfehle ich dir das Buch „Philosphy of Spiritualism", The Spiritualist National Union.

Prayers - Beten will gelernt sein

Beten ist nicht bitten, es ist ein Sehnen der Seele

Mahatma Gandhi

Gott, so wie ich ihn verstehe, ist die Schöpferkraft, die Universelle Intelligenz, die Essenz des Lebens, die Liebe und das Licht, das in uns allen leuchtet.

Als Kind lehrte mich meine Oma zu beten. Zuerst waren es die Kindergebete, die ich auswendig lernte und abends und morgens wiederholte. Es wurde eine Routine und gab mir das gute Gefühl, dass es etwas gibt, das größer ist als ich und mich beschützt.

Sie lehrte mich, dass ich durch Beten jede Situation meistern könnte, egal wie ausweglos diese Situation im Leben auch ist, denn Gott ist immer an meiner Seite. Ich betete zu einer externen Vaterfigur, die meine Bitten oder Wünsche entweder erfüllte oder eben auch nicht. Wenn sie nicht erfüllt wurden, dann sollte es so sein. Das Schicksal hatte es nicht für mich vorgesehen und ich fand mich damit ab.

Heute hat das Beten für mich eine andere Qualität.

Beten bedeutet für mich Vertrauen in die Schöpferkraft zu haben und meine Sorgen und Nöte an eine höhere Macht zu übergeben ohne Wenn und Aber. Das bedeutet aber auch, dass ich die Lösungen so annehme, wie sie zu mir kommen. Es bedeutet nicht, dass ich Gott vorgebe, wie ich mir die Lösung vorstelle. In diesem Fall ist es mein Ego, das betet, aber nicht meine Seele.

Ich habe mein Ego oft benutzt, wenn ich für meine Tochter betete, denn ich habe in mein Gebet ganz selbstverständlich eingebaut, wie ich mir das Leben vorstellte, das sie zu führen hatte. Mittlerweile bete ich nicht mehr so, als ob ich es besser wüsste als Gott, sondern bete, dass meine Tochter das Leben führen kann, das die universelle Intelligenz für sie vorgesehen hat, und lasse Gottes Willen geschehen – meistens jedenfalls.

Silver Birch antwortete auf eine Frage nach der richtigen Art zu beten, dass wahres Beten eine spirituelle Übung sei, bei der die Seele danach strebe, sich höher zu erheben als sie es vorher getan habe. Ein Gebet, das erheben und dienen möchte, sei das Gebet, das Ergebnisse hervorbringt.[8]

Aufgrund unserer spirituellen Natur, die ein Aspekt unserer Göttlichkeit ist, besitzen wir im Kleinen alles, was die

---

[8] Ortzen Tony, Silver Birch – The Spirit speaks, STF Publications Ltd. 2014 eBook, "Silver Birch quotations are reproduced by permission from the copyright holders, the Spiritual Truth Foundation."

universelle Intelligenz besitzt. Durch Meditation können wir diese Quelle anzapfen und alle Schwierigkeiten in unserem Leben überwinden, auch mit Hilfe der geistigen Welt.

Wichtig beim Beten ist einzig und allein der Beweggrund. Wenn der Grund unseres Gebetes aufrichtig ist, wird er nicht abgelehnt. Wir setzen durch unsere spirituelle Entwicklung bereits das in Gang, was die Antwort auf unser Gebet ist.

Wir können also sagen, die Energie folgt den Gedanken und Taten. Indem wir anerkennen, dass wir spirituelle Geschöpfe in einem Körper sind, und wir diese spirituelle Verbindung weiterentwickeln, indem wir lieben und uns lieben lassen, indem wir geben und bereit sind auch zu empfangen, zu dienen und unsererseits auch Unterstützung annehmen, wird unsere Seele bereichert und wir bekommen ein größeres Verständnis von Gott.

Wir kommen auf die Welt in einem perfekten Zustand. So, wie wir sind, besitzen wir alles, um unsere Bestimmung auf Erden zu leben. Leider verlernen wir oft, diesen gottgegebenen Zustand als perfekt anzuerkennen, und mäkeln an uns rum.

Wir suchen oft im Außen nach Dingen oder Zuständen, die uns helfen sollen, perfekt zu werden und vergessen dabei, dass es keine Perfektion gibt, sondern dass unser Leben nur ein Zustand der fortschreitenden Entwicklung und des spirituellen Wachstums sein kann.

Ich erinnere mich noch sehr gut als ich Teil einer Malgruppe war und in jeder Malstunde meine Bilder mit denen der anderen verglichen habe. Natürlich waren die Bilder der Anderen immer besser als meine eigenen. Ich habe mich deswegen so heftig kritisiert und herabgesetzt, dass ich nicht mehr zur Malgruppe ging, was schade war, denn die anderen Teilnehmer waren sehr nett. Dieser Anspruch an mich selbst, alles können zu müssen (und, wenn es geht, zehnmal besser als alle anderen), hat zwar mein Ego größer gemacht, aber meine Seele ausgehungert.

Heute sehe ich meine Malerei als Ausdruck meines Selbst in diesem einen Moment. Ich kann mit Liebe auf das schauen, was ich gemalt habe, mich nämlich. Dieser liebevolle Aspekt in mir wollte ausgedrückt werden, so wie ich es auf die Leinwand oder das Papier gebracht habe und nicht anders. Indem ich diesen Ausdruck zulasse, so wie er ist, entwickle ich meine Selbstliebe und Selbstakzeptanz weiter.

Natürlich beeinflussen unsere Erziehung und die Umwelt unser Verhalten und unsere Denkweise, wie wir durch die Epigenetik wissen. Nach Perfektion zu streben bedeutet natürlich auch, dass ich die Kontrolle über mein Leben oder eine bestimmte Situation behalten und von meinen Fehlern und Makeln ablenken möchte. Wie einfach wäre doch das Leben, wenn wir anerkennen könnten, dass alle diese Bestrebungen gar nicht nötig sind, um ein liebenswerter und wertvoller Mensch zu sein.

Wir sind mit allem und jedem zu jeder Zeit verbunden, also auch mit Gott. Man kann auch sagen, dass jeder unserer Gedanken oder Taten ein Gebet an Gott ist, da wir eins sind. Durch das Beten erkenne ich Gott an und alles, was ist - ohne zu bewerten, denn so wie es ist, ist es gut.

Wenn ich nun in eine negative Denkweise verfalle, dann hat das natürlich auch Einfluss auf meine Gebete, denn auf negativ formulierte Gebete erhalte ich auch nur negative Antworten. Ein Gebet sollte also positiv und voller Hingabe gesprochen werden. Und es sollte persönlich sein, denn nur so wird es ein hochenergetisches Gebet, das dann auch die entsprechende Antwort erhält.

Durch das Beten kreieren wir eine Intimität mit Gott. Alle unsere Probleme sind Gott schon bekannt, denn wir sind ja allzeit miteinander verbunden. Indem wir unsere Fehler vor Gott bekennen, zeigen wir unsere Verletzlichkeit, indem wir unsere Dankbarkeit formulieren, öffnen wir unser Herz, indem wir Gott als Teil von uns anerkennen, wissen wir, dass wir mit Gott so umgehen, wie wir mit uns selbst umgehen.

Ich war sehr erschrocken, als ich das erkannte. Niemals würde ich jemanden so schlecht behandeln wie mich selbst und schon gar nicht Gott! Deswegen habe ich meine Art zu Beten geändert. In einem Kurs bei Inyala Vanzant lernte ich affirmatives Beten.

Wenn ich morgens aufwache, begrüße ich die Schöpferkraft in mir und in meinem Leben. Ich erkenne an, dass wir eins sind, und formuliere meine Dankbarkeit und meine Verletzlichkeit. Danach formuliere ich meine Bitte, lasse sie los und bestätige sie nochmal mit dem Wort „Amen".

Hier ist ein Beispiel, dass du natürlich an deine Bedürfnisse anpassen kannst.

Gott, kollektives Bewusstsein und unendliche Quelle bedingungsloser Liebe,

Ich begrüße dich an diesem neuen Tag in mir und um mich herum.

Ich weiß, da wo ich bin, da bist auch du, denn ich kann nicht sein, wo du nicht bist.

Gott, du bist Liebe, Licht und Bewusstsein und darum bin ich Liebe, Licht und Bewusstsein.

Du bist Barmherzigkeit und Verständnis und darum bin ich Barmherzigkeit und Verständnis.

Ich bin verbunden mit dir und allem, was ist.

Wir sind eins, wir sind der Tag und die Nacht, wir sind Himmel und Erde und wir sind Ebbe und Flut.

Trotz dieses Wissens gibt es Momente, in denen mein Vertrauen in dich schwindet,

Momente, in denen ich nicht loslassen kann und dich ...

Momente, in denen mein Ego die Kontrolle übernimmt und ...

Momente, in denen ich voller Ungeduld bin, weil...

Momente, in denen ich über mich selbst urteile, weil ...

Momente, in denen ich in mir nach Fehlern suche, weil ...

Gott, ich gestehe, dass ich mich jeden Tag neu daran erinnern muss, dass alles, gut ist, so wie es ist.

Ich bin dankbar für jeden neuen Tag, an dem ....

Ich bin dankbar, dass du mir Menschen in mein Leben gebracht hast, durch die ...

Ich bin dankbar für alle Erfahrungen, die ich...

Ich bin dankbar für alles, wofür ich bis jetzt noch nicht Danke gesagt habe.

.

Gott, ich bete für meine innere Heilung und deine Unterstützung bei der Heilung aller Seelen, denen es noch nicht gelingt, darum zu bitten.

Ich höre auf deine Weisheit und bin ruhig und gelassen.

Ich bin eins mit dir.

Mit diesem Gebet lasse ich alle alten Glaubenssätze los, und erlaube mir alle Aspekte meines spirituellen Seins zu leben, zu lieben und zu genießen.

Ich spreche meine tiefste Dankbarkeit aus und lege mein Gebet in deine Hände.

Amen.

Probiere aus, ob dieses positive Gespräch mit Gott dir Vitalität und Energie gibt und deine Energiefrequenz erhöht. Denn es ist, wie Silver Birch schon sagte: Der Beweggrund zählt.

Forschung

Wir würden gar vieles besser kennen,

wenn wir es nicht genau erkennen wollten.

Johann Wolfgang von Goethe

Es gibt viele verschiedene Aspekte in der Medialität, wie Heilung, Jenseitskontakte, Instrumentale Transkommunikation, die erforscht und untersucht werden können. In den Anfängen des Spiritualismus waren die Medien oft physikalische Medien, die mit Ektoplasma arbeiteten.

Bei der physikalischen Medialität befindet sich das Medium normalerweise in tiefer Trance. Das bedeutet, dass das Medium passiv bleibt und bereitwillig die Kontrolle über seinen Körper an einen Geistführer abgibt. Das Medium befindet sich im Theta-Zustand, in dem der Verstand der Geistperson dominant wird. Ein gemeinsames Merkmal aller Arten von physischen Phänomenen ist die Notwendigkeit von Ektoplasma.

Ektoplasma ist eine lebendige, zelluläre Substanz, die aus der grobstofflichen Materie des Körpers fließt, damit die Geistmenschen physische Phänomene erzeugen können. Am

Ende einer Séance werden das Ektoplasma und die Energien in den Körper des Mediums zurückgeführt.

Die erste systematische Studie über Ektoplasma war eine gemeinsame Arbeit von Baron Albert von Schrenck-Notzing und Juliette Bisson, die mit Eva C. (Eva Carreire, einem französischen physikalischen Medium) experimentierten. Die Menge des Ektoplasmas, die bei den Experimenten gefunden wurde, variierte stark. Manchmal schien es durch psychologische Faktoren des Willens und der Emotionen bedingt zu sein. Es konnte das Medium vollständig einhüllen wie ein Mantel. Es hatte verschiedene Farben - weiß, schwarz oder grau. Weiß war die häufigste, vielleicht auch die am leichtesten zu beobachtende Farbe. Manchmal traten die drei Farben gleichzeitig auf. Die Sichtbarkeit variierte sehr stark. Der Eindruck bei Berührung war manchmal feucht und kalt, manchmal zähflüssig und klebrig, seltener trocken und hart. Die Substanz war beweglich, langsam, reptilienähnlich, oder manchmal blitzschnell. Sie war lichtempfindlich. Die Produktion konnte die allgemeine Temperatur des Raumes beeinflussen, wobei eine Veränderung besonders in der Nähe des Mediums oder eines Gegenstandes, der von der austretenden Substanz berührt wurde, spürbar war.

Die Menschen konnten die Phänomene mit ihren physischen Sinnen sehen, hören und fühlen. Während einer physischen Séance werden die Anwesenden Zeugen der Manifestation des Geistes, weil sie im Raum anwesend sind. Sie bemerken, dass die Atmosphäre im Raum emotional geladen ist und viele der Anwesenden beeinflusst.

Die Materialisierung ist die größte und seltenste Form der Medialität. Sie beinhaltet entweder die vollständige Reproduktion des physischen Körpers oder die wesentlichen Teile davon, die erforderlich sind, um eine vorübergehende Schöpfung aus Fleisch und Blut zu erreichen. Die Substanz, aus der diese Formen bestehen, ist Ektoplasma und wird dem Körper des materialisierenden Mediums entzogen.

Natürlich gab es damals schon Kritiker der Séancen, aber es gab auch die Menschen, die die Phänomene sahen und an das glaubten, was sie sahen.

Bei der ITC (Instrumentalen Transkommunikation) werden die Phänomene auch mit den Sinnen wahrgenommen, aber es wird kein Ektoplasma benötigt.

Heute ist Dr. Anabela Cardoso die führende Person auf dem Gebiet der Instrumentalen Transkommunikation. Sie ist die Herausgeberin des ITC-Journals und verfolgt mit ihrer Medialität den Weg der Technologie. In der ITC-Zeitschrift spricht sie über den Rio do tempo, was mit Zeitstromstation übersetzt werden kann. Ihr Geistteam begibt sich zur Zeitstromstation, wenn sie mit ihr kommunizieren wollen. Die Kommunikatoren bestätigten die extremen Schwierigkeiten, die mit dem Sprechen durch den DRV (Digitaler Video Rekorder) verbunden sind.

Dr. Cardoso arbeitete mit David Fontane zusammen, der Präsident der Gesellschaft für Psychische Forschung (SPR) war, um zu demonstrieren, dass ihre Experimente nicht manipuliert waren. Sie gewährte David Fontane vollen Zugang zu ihrem Haus und ihrem Studio. Er konnte sich frei bewegen, jederzeit die elektronischen Geräte benutzen und sich vergewissern, dass kein Betrug vorlag. Er erkannte ihre Arbeit an und erklärte: „Meine Erfahrungen mit ITC in Dr. Cardosos Studios haben mir gezeigt, dass diese Form der Kommunikation nicht nur die Realität paranormaler Phänomene unterstützen kann, sondern auch die Möglichkeit des Überlebens des physischen Todes für alle Wesen stark unterstützt."

Die Audios von Dr. Cardoso wurden von verschiedenen Experten der Abteilung für Akustik der Universität Vigo analysiert, die bestätigten, dass die Stimmen atypische Merkmale der menschlichen Stimme aufweisen. Diese

Ergebnisse wurden auch vom Il Laboratorio Interdisciplinare di Ricerca Biopsicocibernetica in Bologna, Italien, bestätigt.

Die Entdeckungen der Quantenphysik haben zudem die Art und Weise beeinflusst, wie wir das Leben nach dem Tod sehen. Das Bewusstsein ist möglicherweise in der Lage, die materielle Welt direkt zu beeinflussen, und wenn der Geist materielle Ereignisse auf der Quantenebene direkt beeinflussen kann, dann kann die Interaktion zwischen Geist und Gehirn auf dieser Ebene stattfinden, da Quantenereignisse in jedem Atom jeder Zelle des Gehirns ablaufen. Die Quantenphysik legt auch nahe, dass unser Geist gelegentlich außerhalb von Raum und Zeit wirken kann.

ITC wird heute als eine Form der Medialität anerkannt, die noch nicht vollständig verstanden wird. Der Experimentator spielt eine psychische Rolle bei der Erleichterung der Kommunikation durch Geräte. Man kann sie als eine Form der Schöpfung betrachten, bei der der Geist und die angeborenen psychischen Fähigkeiten des Experimentators / Mediums eine Rolle bei der Manifestation von Phänomenen in elektronischen Geräten spielen.

Beweise durch ITC können als psychische Aktivität von beiden Seiten betrachtet werden und sind daher genauso wertvoll wie die der physischen Medialität. Der Unterschied besteht darin, dass sie mit Hilfe von elektronischen Geräten erbracht werden. Außerdem ist die ITC eine direkte Kommunikation zwischen der Geistperson und dem Experimentator, während bei der physischen Medialität der Geist des Mediums beteiligt ist und die übermittelte Botschaft einfärbt.

ITC-Beweise können als Aufzeichnung der Kommunikation zwischen Mensch und Geist beschrieben werden. Es werden spezifische Informationen gegeben, Tatsachen werden verifiziert und Persönlichkeiten werden bestätigt. Eine der DRV-Botschaften bestätigte, dass alles Leben seinen irdischen Tod überlebt und nicht nur der Mensch, was die spirituelle Heiligkeit des Pflanzen- und Tierreichs bestätigt.

Auch das Institut Français de Recherche et d'Expérimentation Spirite verfolgt den Weg der Medialität mit technischen Mitteln. Das Team besteht aus Freiwilligen, deren Arbeit nur durch Mitgliedsbeiträge und Spenden finanziert wird.

Die Untersuchungen konzentrieren sich auf bildgebende Verfahren, wodurch die normalerweise für das bloße Auge unsichtbaren Störungen der Luft beobachtet und die Erzeugung von Zufallsformen, Laserinterferenzen und Luftdruckschwankungen in Bilder von Gesichtern umgesetzt werden können. Sie setzen sich aus verschiedenen

Experimenten mit instrumenteller und medialer Transkommunikation zusammen. Es geht darum, eine neue Mechanik zu erfinden, die die geistige Welt erklären kann, mit dem Ziel, einen experimentellen Nachweis zu erbringen, dass die Seele oder das Bewusstsein außerhalb der physischen Form, also dem Körper, permanente Realität ist, es also ein Leben nach dem Tod gibt.

Für mehr Informationen empfehle ich dir die Webseite www.ifres.org

Zusammenfassend lässt sich sagen, dass Spiritualismus immer den Lebensstil einer bestimmten Zeit widerspiegelt. Jeder Geistmensch und jedes Medium geht einen individuellen Weg, zu dem heutzutage auch elektronische Geräte gehören. Da unsere Welt auf eine immer technisiertere Zeit zusteuert, müssen wir als Medium offen sein für neue Wege der Medialität. Unsere Aufgabe ist es, im Dienst der Geistigen Welt zu stehen. Wenn dies neue Technologien beinhaltet, sollten wir bereit sein, die Herausforderung anzunehmen.

Auch spirituelles Heilen ist ein Aspekt, der erforscht wird. In Ihrem Buch ‚Spirituelles Heilen im Krankenhaus' erklärt Sandy Edwards, wie sie im Grand Hope Hospital in Birmingham mit Dr. Sukhdev Singh, der gleichzeitig Dozent an der Medizinischen Fakultät der Universität Birmingham war, in einem Forschungsprogramm zusammenarbeitete.

Die Ergebnisse dieser Studie sind für alle Menschen relevant, denn geistiges Heilen wirkt ganzheitlich und behandelt den ganzen Menschen - Geist, Körper, Gefühle und Emotionen. Egal welches Problem oder Krankheit eine Person hat, spirituelles Heilen hilft, die Homöostase wiederzuerlangen, also den Zustand des inneren Gleichgewichts, der es unseren natürlichen Heilungsprozessen ermöglicht, zu funktionieren.

Trotzdem sind viele Menschen und natürlich auch die medizinische Wissenschaft kritisch, was die spirituelle Heilung betrifft. Dr. Singh und Sandy Edwards hatten also eine große Herausforderung vor sich.

Ich möchte vorausschicken, dass Geistiges Heilen in Großbritannien von einem Arzt verschrieben werden kann, da Spiritualität als Teil der holistischen Genesung gesehen wird. Die Kosten werden allerdings nicht vom Gesundheitssystem übernommen.

Sie entschieden sich, Patienten in ihr Forschungsprogramm aufzunehmen, die trotz konservativer Behandlung weiterhin an Reizdarmsyndrom (IBS) und chronisch-entzündlichen Darmerkrankungen (IBD) litten.

Jeder Aspekt des Lebens der Betroffenen war von diesen lähmenden, peinlichen und deprimierenden Zuständen betroffen. Es gibt nur wenige konventionelle Behandlungsmöglichkeiten für Patienten mit Reizdarmsyndrom und chronisch-entzündlichen Darmerkrankungen und diese sind nicht immer wirksam.

105 Patienten mit Reizdarmsyndrom, 70 mit Colitis Ulcerosa und 24 mit Morbus Crohn nahmen an der Studie teil und sollten im Wochenrhythmus Heilbehandlungen erhalten. Spirituelles Heilen wurde einfach zur üblichen konventionellen Behandlung der Patienten hinzugefügt.

Die Teilnehmer waren zwischen 33 und 62 Jahren alt und hatten ihre Diagnose zwischen eineinhalb und zehn Jahren zuvor erhalten. Das sagte natürlich nichts über die wirkliche Leidenszeit aus, denn Patienten mit Darmproblemen zögern oft, bevor sie medizinische Hilfe in Anspruch nehmen, weil ihnen die Untersuchungen peinlich sind.

Die Fragebögen in ihrer Studie zielten darauf ab, Veränderungen der Lebensqualität und des körperlichen Zustands zu erfassen. Die Teilnehmer mussten drei verschiedene Fragebögen ausfüllen.

Einer davon war der MYMOP Fragebogen (Measure Yourself Medical Outcomes Profile – Miss dich selbst Profil medizinischer Ergebnisse), der allgemein gehalten war und von allen Teilnehmern ausgefüllt wurde. MYMOP ist anerkannt in der Forschung zum Sammeln von sehr individualisierten Informationen und würde den Forschern helfen zu erkennen, ob sich das Leben der Menschen verbessert hatte, aber nicht unbedingt, ob sich eventuelle Beschwerden verbessert hätten.

Zwei weitere Fragebögen bezogen sich auf die Erkrankung des Patienten. Patienten mit Reizdarmsymptom füllten den Fragebogen IBS-QoL (Irritable Bowl Syndrome Quality of Life – Lebensqualität bei Reizdarmsyndrom) aus, der von der Universität von Washington in Seattle entwickelt worden war und der sich mit acht speziellen Lebensbereichen der Person beschäftigte, wie z.B. Alltägliche Aktivitäten, Gesundheit, Sorgen, Nahrungsvermeidung oder Beziehungsaspekte. Die Universität Birmingham entwickelte einen zusätzlichen Fragebogen, mit dem der Schweregrad der Symptome erfasst werden sollte.

Patienten mit chronisch entzündlichen Darmerkrankungen füllten den Fragebogen IBDQ (Inflammatory Bowel Disease Questionnaire – Fragebogen für chronisch-entzündliche Darmerkrankungen), der an der Kanadischen McMaster-Universität entwickelt wurde, aus. Der Fragebogen identifiziert Probleme aus vier unterschiedlichen Bereichen wie Darm, emotionale Gesundheit, Körper und Sozialfunktion.

Diese beiden Fragebögen sollten Erkenntnisse bezüglich der Frage, ob sich das Leben der Patienten verbessert hatte in Bezug auf die Schwierigkeiten der speziellen Erkrankung, bringen.

Die Gruppe der Patienten mit chronisch-entzündlichen Darmerkrankungen wurde aufgeteilt in eine Gruppe mit Colitis Ulcerosa und eine mit Morbus Crohn. Die Gruppe mit Colitis Ulcerosa füllte ferner den Fragebogen SCCAI (Simple Clinical Colitis Activity Index), der von der Royal Free Hospital School of Medicine und des Queen Elizabeth Hospitals in Birmingham entwickelt worden war. Hier geht es darum, die wichtigsten Symptome herauszufinden, damit die Ärzte ohne größere Umstände den Schweregrad der Colitis erfassen konnten.

Patienten mit Morbus Crohn füllten eine aktualisierte Version des Fragebogens Harvey-Bradshaw-Index aus. Dieser dritte Fragebogen sollte klären, ob die körperlichen Symptome des Reizdarmsyndroms oder der chronisch-entzündlichen Darmerkrankungen gelindert worden waren.

Ich schreibe das so ausführlich, damit du weißt, dass diese Studie wissenschaftlich begründet und evaluiert wurde.

Die Heiler brauchten nicht zu wissen, zu welcher Gruppe eine Person gehörte oder welche Beschwerden sie hatten. Sie mussten auf einem Formular bestätigen, dass der Patient zur Heilbehandlung erschienen war und keinen Schaden genommen hatte.

Am Ende der Studie zeigte sich, dass spirituelles Heilen einen signifikanten Unterschied für die Patienten machte und für beide Gruppen eine Verbesserung des Lebens erreicht wurde. Eine Tabelle zeigte sogar, dass sich bei einigen Patienten eine leichte Verbesserung einstellte, während sie 3 Monate auf den Beginn ihrer Heilbehandlungen warteten. Dies geschieht häufig, wenn die Teilnehmer das Gefühl haben, dass sich jemand für ihre Situation interessiert (Hawthorne-Effekt). Sobald diese Personen jedoch ihre Reihe von Heilsitzungen erhalten hatten, spiegelten ihre Ergebnisse die signifikanten Verbesserungen wider, die ihre Kollegen erzielt hatten, die drei Monate früher mit den Sitzungen begonnen hatten.

Ich höre jetzt viele sagen, ach, der Placebo-Effekt, aber das Ausmaß der beobachteten Verbesserung ist oftmals zu groß, um es auf einen Placebo-Effekt zurückzuführen. Sobald symptomatische Linderung eintritt, sollte der Wert des Mechanismus, also des Heilens, nicht abgetan werden.

Die Forscher fanden heraus, dass keine einzige Person eine negative Auswirkung der Heilsitzungen verspürte. Das geistige Heilen hatte bei den Patienten deutliche Unterschiede bewirkt. Die Wissenschaftler bestätigten, dass das Ausmaß der Verbesserungen zu groß war, als dass man sie nur auf den Placeboeffekt zurückführen konnte, konnten sich aber leider nicht darauf einigen Heilbehandlungen als integralen Bestandteil der Behandlung zu definieren.

Sandy Edwards hat dazu einen ganz klaren Standpunkt: "Wären die Ergebnisse unserer Studie von einem Arzneimittel erzielt worden, hätte es große Aufregung unter Gastroenterologen und Patienten gegeben, und die Medien hätten darüber berichtet."

Solltest du mehr darüber wissen wollen, wie diese Studie zustande kam, welche Hürden sie nehmen musste und welche Erkenntnisse dabei zutage kamen, dann kann ich dir das Buch von Sandy Edwards wärmstens empfehlen.

Nachwort

Liebe Leserin,

von Herzen möchte ich mich bei dir bedanken, dass Du dich darauf eingelassen hast, mein Buch zu lesen und dich vielleicht sogar entschieden hast, auf Deine eigene spirituelle Reise zu gehen. Ich würde mich freuen, wenn du mich daran teilhaben lassen würdest. Gerne kannst du mir Fragen stellen und mich über meine Webseite https://www.seeknomore-become.com kontaktieren, wenn du Rat brauchst.

Um die Privatsphäre der handelnden Personen zu schützen habe ich die Namen und Orte im ersten Teil des Buches verändert. Die Lehrer, die spirituellen Unterstützer und Angaben im zweiten Teil sind namentlich genannt.

Ganz herzlich bedanken möchte ich mich auch bei den Menschen, die mich beim Schreiben dieses Buches begleitet haben.

Medium und Healer, Karen Francis McCarthy, ohne die es dieses Buch nie gegeben hätte.

Angela Löhr, die mir als Buchmentorin mit Rat und Tat zur Seite stand – im Schreibprozess genauso wie auch bei all den Folgearbeiten, die es braucht, bis ein Buch schlussendlich im Buchhandel zu kaufen ist.

Alexandra Meier, die mich mit professionellem Lektorat unterstützte und mich immer wieder motivierte, dranzubleiben.

Sowie bei den Damen der Galaxy Schreibgruppe für den regen Austausch und die vielen Lacher.

Und zum Schluss noch etwas fürs Herz. Meine Tochter hat sich mittlerweile in ihrem Leben etabliert und blickt positiv in ihre Zukunft. Obwohl mein Leben, so wie ich es gelebt habe, so nicht für mich vorgesehen war, habe ich das Beste daraus gemacht. Rückblickend kann ich sagen, dass die Suche nach Sinn und Bestimmung in meinem Leben mir wundervolle und bereichernde Erlebnisse bescherte, die die Schwierigkeiten verblassen ließen.

Ich freue mich, wenn ich dir, liebe Leserin, Mut machen konnte, deinen eigenen Weg der inneren Suche zu beschreiten, und du ihn in Freude und Zuversicht gehst.

Hilfreiche Adressen:

Systemische Aufstellungen

Deutsche Gesellschaft für Systemaufstellungen

Familienaufstellungen(systemaufstellung.com) – letzter Zugriff 16.04.2023

ASCoach-Coaching-Akademie Köln, letzter Zugriff 16.04.2023

ascoach - coaching-akademie-köln – Familienaufstellungen

Autogenes Training

Catherine Polet https://www.catherinepolet.coach, - letzter Zugriff 16.04.2023

Die Volkshochschulen bieten Kurse für Autogenes Training an und vielleicht sogar deine Krankenkasse.

Yoga

Sabine Schwarz und Bettina Witte GbR FrauSeele, Frau Seele https://www.FrauSeele.de , letzter Zugriff 16.04.2023

Catherine Polet https://www.catherinepolet.coach, letzter Zugriff 16.04.2023

Die Volkshochschulen bieten Yogakurse an, die auch meistens von den Krankenkassen zumindest teilweise übernommen werden.

Exerzitien in Deutschland

Haus der Stille und Exerzitienhäuser in Deutschland

stillefinden.org) - letzter Zugriff 16.04.2023

Kloster Waldbreitbacher Franziskanerinnen
Waldbreitbacher Franziskanerinnen: Exerzitien (waldbreitbacher-franziskanerinnen.de) - letzter Zugriff 16.04.2023

Medialität:

Arthur Findlay College, Standsted, UK,

College for the Advancement of Spiritualism and Psychic Science. Die Kurse finden in englischer Sprache statt. Es werden aber auch deutsche Wochen angeboten, in denen der Lehrstoff in Deutsch übersetzt wird.
www.arthurfindlaycollege.org letzter Zugriff 16.04.2023

Spirituelles Centrum Berlin, Leydenallee 91, 12165 Berlin, website: www.spirit-visions.com, letzter Zugriff 16.04.2023

Jenseits-Medium für trauerbegleitende Jenseitskontakte https://melanieladewig.de und https://mediumismus.de/ , letzter Zugriff 16.04.2023

Karin M. Huber, Medium, Frankfurt
https://medium-frankfurt.de, letzter Zugriff 16.04.2023

Iris Wuetherich, Schweizer Medium
Iris Wuethrich Medium Switzerland (pfoteinhand.ch), letzter Zugriff 16.04.2023

Bibliographie.

Kirschner Josef, Die Kunst, ein Egoist zu sein: Das Abenteuer, glücklich zu leben, auch wenn es anderen nicht gefällt, 197: Neuauflage, München, Knaur Taschenbücher Ratgeber, 1978

Kirschner Josef, Manipulieren, aber richtig. Die acht Gesetze der Menschenbeeinflussung. Taschenbuch, 1. Auflage 1976, Zürich-München, Droemer-Knaur– 1. Januar 1976

Krampen Günter, Übungsheft zum Autogenen Training - 2. verbesserte Auflage, Göttingen, Verlag für Angewandte Psychologie, 1996

Kobbe Peter, Bhagavad Gita – Das heilige Buch des Hinduismus, Deutsche Erstausgabe Oktober 2002, München, Wilhelm Goldmann Verlag, 2002

Hellinger Bert, Anerkennen, was ist – Gespräche über Verstrickung und Lösung, Bert Hellinger, Gabriele ten Hövel,. Auflage 2003 München, Kösel-Verlag, 1996

Hellinger Bert, Ordnungen der Liebe – Ein Kursbuch. München, Droemersche Verlagsanstalt Th.KnaurNachf., Taschenbuchausgabe 2002

Tanmaya Honervogt, Reiki – Das große Praxisbuch, 2. Auflage, Oktober 2013, Hans-Nietsch-Verlag, 2009,

Glaser Brigitte, Reiki – Wohlbefinden durch die Heilkraft der Hände,vollständig überarbeitete Ausgabe von „Reiki-Heilkraft der Hände" (60247),65527 Niederhausen, Falen Verlag, 2000,

Krohne Horst, Organsprache-Therapie-Neueste Methoden der Geistheilung in Verbindung mit Aura und Meridianen, Fünfte Auflage 2011, München, Ansata Verlag, Verlagsgruppe Random House GmbH, 2003

Krohne Horst, Geheimnis Lebenskalender – Heilen mit dem Gedächtnis des Energiekörpers, Vierte Auflage, München, Ansata Verlag, Verlagsgruppe Random House GmbH, 2012

Vgl. Warnke Ulrich, Quantenphilosophie und Interwelt, 2. Auflage, Berlin,München, Scorpio Verlag GmbH & Co. KG, 2013, S. 245-252

Maharshi Ramana, Sei, was du bist! Die wichtigsten Lehren des großen indischen Weisen, Neuausgabe 2011, München, Droemer Knaur, 2011, S. 244

Hay House, Der Moses Code by James Twyman, DER MOSES CODE = ICH BIN WAS ICH BIN Deutsche Version - YouTube 21.01.2019. Vgl:Michael Bernard Beckwith (6:15-6:22, 6:26-6:30, 6:52-6:57, 7:05-7:22, 18:25-18:57,20:26-20:44, 25:55-26:43

Seaman Judith, Trance Medialität, Erstveröffentlichung 2008, SDU Publications, 2008,– S. 51

Silver Birch Questions and Answers compiled by Stan A. Ballard & Roger Green, The spiritual Truth Foundation first published 1998, reprinted 2001, 2004,

Teachings of Silver Birch, edited by A.W. Austen, First published in 1938, This edition 2010, Reprinted 2014, The spiritual Truth Foundation 1998

Oates Berry, 21st-Century View of the Seven Principles of Spiritualism, Spiritualist National Union, 2017, S. 1-12

Minister Barry Oates et al, Philosophy of Spiritualism, Spiritualists' National Union, 2007

Ortzen Tony, Silver Birch – The Spirit speaks compiled by Tony Ortzen, eBook, 2014

Edwards Sandy, Spirituelles Heilen im Krankenhaus, 1, Auflage, Rottenburg, Kopp Verlag, 2019

Über die Autorin

Durch einen tiefen Einschnitt in ihrem Leben wurde Eva Edlinger bewusst, dass sie etwas ändern musste. Ihre Komfortzone hatte sie schon häufiger verlassen, aber dieses Mal fiel es ihr ungleich schwerer. In dieser Zeit war ihre Spiritualität ihr treuester Begleiter und half ihr, das innere Puzzle neu zusammenzusetzen. Das letzte Puzzleteilchen fand sie im Spiritualismus. Durch „Sitting in the power", also das Sitzen mit der geistigen Welt, wurde ihr klar, dass sie ihre Seele mit all ihren Bedürfnissen noch nicht wirklich kannte.

Sie besuchte Kurse für Medialität am renommierten Arthur Findlay College in England und ist seit 2017 akkreditiertes Heilmedium der Spiritualist National Union.

Nun hilft sie anderen mit ihrem Wissen, berührt durch Heilsitzungen die Seele der Menschen oder bringt durch Jenseitskontakte die Liebsten wieder in das Leben der Familienmitglieder.

Mit ihrem Debütwerk möchte sie ihre Erfahrungen einem größeren Publikum näherbringen, um Menschen zu unterstützen, die auf der Suche sind.

www.seeknomore-become.com